Ex Libris Bibliothecæ quam
Illustrissimus Ecclesiæ Princeps
D. PETRUS DANIEL HUETIUS
Episcopus Abrincensis Domui Professæ
Paris. PP. Soc. Jesu integram vivens donavit
Anno 1692

RÉPONSE
DE
PIERRE AMBRUN

Ministre du Saint Evangile,

A

L'HISTOIRE CRITIQUE
du VIEUX TESTAMENT,
composée par le P. SIMON de l'Oratoire
de Paris.

A ROTTERDAM,
Chez REINIER LEERS,
M. DC. LXXXV.

Avec Privilege.

RÉPONSE DE P. A. *M. du S. E.*

à l'Histoire Critique du Vieux Testament composée par le P. Simon de l'Oratoire de Paris.

N doit rendre cette justice à l'Auteur de la Critique du Vieux Testament, qu'il y a peu de personnes de sa Communion qui ayent tant approfondi les matieres de l'Ecriture Sainte, que lui. J'ose même dire que cette grande capacité dans les choses qui regardent la Bible se trouve rarement dans les Docteurs de l'Eglise Romaine. Mais il a eu le malheur d'être préoccupé des sentimens de la Cour de Rome, qui donne tout à l'autorité de la Tradition pour affoiblir celle de l'Ecriture. Cela est si vrai, que j'ai appris de bonne part, que son Livre qui a fait si grand bruit en France ayant été examiné avec soin par ordre exprès de la Cour de Rome, y a été approuvé dans tous ses principes, comme un Ouvrage qui pouvoit servir à ruiner la Religion des Protestans, parce qu'il attaquoit la certitude de l'Ecriture, qui est le seul principe de leur Religion, & qu'il les obligeoit de se soumettre à l'autorité de la Tradition.

Mais un savant Prelat de France & quelques amis même du P. Simon ont été dans des sentimens fort differens de ceux de la Cour de Rome, & ont crû qu'il étoit à propos de faire supprimer son Livre, comme autrefois les amis de St. Jerôme supprimerent pour lui faire plaisir, quelques-uns de ses Ouvrages touchant la virginité, parce que sous prétexte d'établir la virginité, il ruinoit entierement la doctrine de l'Eglise touchant le mariage. Il en est de-même de l'Histoire Critique : car sous prétexte d'établir les Traditions de la Cour de Rome, elle détruit l'autorité de l'Ecriture, que le P. Simon reconnoit lui-même être le premier & principal fondement de la Religion Chrêtienne. C'est ce qui a porté quelques personnes éclairées de sa Communion à supprimer un Ouvrage qui pouvoit avoir de fâcheuses suites, bien qu'ils jugeassent très-bien que l'Auteur se pouvoit défendre par le témoignage des Peres & de plusieurs Docteurs de l'Eglise Romaine. Cela a paru manifestement dans un Ecrit que le P. Simon fit dans le temps que les exemplaires de son Livre furent saisis par l'ordre de Monsieur le Chancelier; & comme cet Ecrit s'est trouvé depuis entre les mains de plusieurs personnes, il a été facile de juger quels ont été les motifs principaux de cette suppression.

Ce sont ces motifs-là qui m'ont engagé à répondre à l'Histoire Critique, voyant qu'on en a jugé en France bien autrement qu'on n'a pas fait à Rome. Ce petit Ecrit est intitulé, *Memoire instructif touchant le Livre qui a pour titre Histoire Critique du Vieux Testament.* Nous l'avons eu d'un Ecclesiastique de Champagne, qui nous a témoigné qu'il venoit de la maison de Monsieur l'Archevêque de Rheims, à qui apparemment le P. Simon l'avoit donné pour se justifier auprès de Monsieur le Chancelier pere de cet Archevêque. Les preuves & les réponses paroissent également fortes de part & d'autre : mais on n'eut point d'égard aux témoignages que le P. Simon rapportoit des Peres & des principaux Docteurs de sa Communion, parce que dans une affaire de cette importance on trouvoit à propos de réformer les principes établis par les Peres, desquels principes les libertins pouvoient prendre occasion de ruiner la Religion Chrêtienne. Le P. Simon ne doit donc pas trouver mauvais qu'un homme qui fait profession de la Religion Protestante, le combatte par les mêmes raisons par lesquelles d'habiles gens de sa Communion l'ont combattu, qui ont même fait supprimer son Livre sans le vouloir condamner. Et afin qu'il ne dise pas que je suppose des faits qui ne sont point, je citerai son Memoire instructif toutes les fois que je m'en servirai; & comme il est présentement entre les mains de plusieurs personnes, il ne peut pas le désavouer. Je ne croi pas même qu'il en ait jamais la pensée, puis que tout son Ouvrage roule sur les principes de son Memoire.

J'ajoûterai encore une chose dont le P. Simon ne peut disconvenir, puis qu'il l'a établie lui-même dans son Histoire Critique : c'est qu'il suppose contre Mr. Vossius, que dans des faits de Critique on ne doit point s'en rapporter toûjours à la pluralité des voix; & ainsi j'aurai raison de le combattre par les regles de la Critique contre l'autorité des Anciens dont ils se sert contre les Protestans. S'il est vrai que les Peres se soient souvent trompés dans ces sortes de faits, un Protestant est en droit de n'avoir aucun égard à leurs témoignages dans des faits dont ils ne peuvent être les juges competens. J'avouë que ses réponses sont fortes à l'égard de ceux de sa communion, qui reconnoissent l'autorité de ces Peres & anciens Ecrivains : mais nous Protestans, qui n'avons point d'autres principes de nôtre creance que l'Ecriture & la raison, nous ne sommes point obligés de nous y soumettre; & par cette voye une bonne partie du Livre du P. Simon est renduë inutile à l'égard des Protestans, quand bien même elle subsistera fiftera felon les fentimens des Catholiques Romains.

Cela fuppofé, je viens à l'examen particulier de fon Ouvrage, pour le réfuter dans tout ce qui regarde la caufe commune des Proteftans, & pour lui faire voir que les Docteurs de Geneve, qu'il traite quelquefois d'entêtés & d'ignorans, n'ont eu que des fentimens vrais, & même raifonnables dans ce qui regarde l'autorité des Livres Sacrés; & que s'il y a de l'entêtement, il vient du côté des Catholiques Romains, qui n'étudient pas affez ces fortes de matieres, fe contentant de s'en tenir à la Tradition de leurs Peres, qui eft une monnoye dont on peut payer facilement le monde, & il n'eft pas pour cela befoin d'un grand fond de capacité. Je ne parle point du P. Simon, qui n'a que trop étudié l'Ecriture. Nous fouhaiterions feulement qu'il ne fe déclaraft pas fi fortement contre les Proteftans en faveur de la Cour de Rome, dont il n'efpere pas apparemment un chapeau de Cardinal; & je ne croi pas même que les Jefuïtes fes bons amis foient capables de lui faire grand bien, car il y a long-temps qu'on a dit en parlant des Jefuïtes de la Cour de France, qu'ils ne peuvent gueres faire de bien, mais qu'ils peuvent bien faire du mal. Ainfi bien des gens leur font la cour de-peur d'en recevoir du mal, & à peu près comme ces peuples qui adorent le Diable, parce que, difent-ils, il leur peut faire du mal, & qu'il faut facrifier auffi bien au Dieu nuifant, qu'au Dieu bienfaifant. Mais venons enfin à la Critique du P. Simon.

Je commencerai par l'examen de fa Préface qui contient les principes de tout fon Ouvrage; & ainfi, fi l'on fait voir que ces principes ne font pas bien fondés, on ruine par là tout fon grand bâtiment. Je demeure d'accord avec lui, qu'on ne peut ni bien entendre ni bien traduire les Livres Sacrés, qu'on ne fache à-fond l'Hiftoire & la Critique de ces Livres: mais où trouvera-t-il des perfonnes qui ayent ces qualités, que parmi les Proteftans qui en font toute leur étude? au-lieu que dans l'Eglife Romaine un Theologien fe croit habile homme, quand il s'eft appliqué quelques années à la Theologie Scolaftique, qui eft un meuble dont un veritable Theologien fe peut paffer. Ce qui eft fi vrai, que les plus habiles gens de la Cour de Rome fe mocquent ouvertement de cette fcience, qu'ils appellent *Studio de' Frati*, *Une étude de Moines*, comme fi elle n'avoit efté inventée que pour amufer les gens inutiles, & les entretenir de méditations creufes. L'experience nous fait voir qu'il n'y a point de gens qui raifonnent fi mal fur les myfteres de la Religion, que les Docteurs Scolaftiques, parce qu'ils ne favent qu'une Metaphyfique alambiquée & qui eft de nul ufage. C'eft auffi ce qui a fait dire aux plus habiles gens de cette même Cour de Rome en parlant des Docteurs de Sorbonne & de leurs qualités, *Un Dottore di Sorbona è un Cuoco nella Corte di Roma: Qu'un Docteur de Sorbonne en Cour de Rome n'y eft propre que pour faire la cuifine*; ne le jugeant pas capable d'aucun emploi, parce qu'on fuppofe qu'il s'eft gâté l'efprit,

 & qu'il

& qu'il ne peut plus raiſonner juſte. On n'a qu'à lire les Ouvrages des plus fameux Scolaſtiques, où il n'y a pas un paſſage de l'Ecriture cité & appliqué à propos, comme on peut voir dans les Livres d'Iſambert fameux Docteur & Profeſſeur en Theologie à Paris. Qu'on liſe encore aujourdhui les Ecrits des Profeſſeurs de Sorbonne. Qu'on aille entendre leurs leçons pour en juger; & nous n'en voudrions pas même d'autre juge que le P. Simon, s'il veut dire la verité. Il a eu des affaires avec eux ſur ſes Livres, auſſi-bien que le P. Morin, qui n'étoit par fort ſatisfait de leur capacité. Si on veut prendre la peine de lire les Auteurs Proteſtans qui ont écrit ſur la Bible, on trouvera qu'ils ont parlé ſolidement, & qu'ils ont eu cette connoiſſance de l'Hiſtoire & de la Critique telle que le P. Simon la demande; & ainſi il n'a pas eu raiſon de reprocher l'entêtement & l'ignorance à nos Docteurs. Monſieur Cappel ſon grand ami, & qu'il préfere au P. Morin, étoit Proteſtant. Combien avonsnous aujourdhui d'habiles gens en Angleterre, en Allemagne, ſans parler de la France? François premier ne conſulta-t-il pas les habiles Proteſtans de ſon temps quand il voulut fonder des Ecoles pour les Langues Orientales? Quelle utilité, je vous prie, revient-il aujourdhui de ces Ecoles, où il y a des Profeſſeurs gagés qui n'ont point d'écoliers, parce que les maîtres n'ont aucune capacité? Nous ne voyons point que le Profeſſeur en la Langue Hebraïque du College Royal ait rien donné au public; au-lieu que nos Profeſſeurs font ſans ceſſe paroître de bons Ouvrages ſur l'Ecriture.

Le P. Simon prouve en-ſuite ſa penſée par l'exemple de deux ſavans Theologiens qui ſe ſont trompés dans leur Verſion Françoiſe du Nouveau Teſtament, pour n'avoir pas ſû l'Hiſtoire & la Critique des Livres Sacrés. Ces deux Theologiens qu'il ne nomme point, ſont Mr. Arnaud & le P. Amelote de l'Oratoire, qu'il n'a pas jugés capables de faire une bonne Verſion de l'Ecriture. Auſſi dit-on que Mr. Arnaud & tout ſon parti ont été les principaux acteurs pour faire ſupprimer l'Hiſtoire Critique, afin d'empêcher que la ſeconde partie qui regardoit le N. Teſtament ne fuſt donnée au public, & où l'on dit que le P. Simon rompoit bras & jambes non ſeulement à Mr. Arnaud, mais auſſi à St. Auguſtin. Quelques-uns même ont crû que les Jeſuïtes l'avoient engagé à cela, & que cette Societé manquant préſentement de gens habiles, étoit bien-aiſe de trouver une perſonne qui puſt détruire la réputation que leurs ennemis s'étoient acquiſe pour leur capacité. Que cela ſoit ou non, on voit manifeſtement dans la Critique du P. Simon, qu'il en vouloit à Mrs. de Port-Royal, qui ne ſont pas apparemment de ſes amis; & pour mieux jouer ſon perſonnage, il a en même temps compris dans ſa Critique le P. Amelote, qui a toûjours été oppoſé au parti de Mr. Arnaud, qui a fait un Livre exprès intitulé Les Idées du P. Amelote, pour tourner ce Pere en ridicule. *P. Amelote.*

La faute que le P. Simon reprend dans ces deux Interpretes, & qui eſt aſſûrément conſiderable, ne ſe trouve

point

point dans la Version Françoise de Geneve : ce qui est une marque evidente que les Auteurs de cette Version ont eu plus de capacité pour traduire les Livres Sacrés, que ces deux grands Theologiens de l'Eglise Romaine, qui ont chacun leurs partisans non seulement parmi le peuple, mais même parmi les Evêques. Ce sont cependant ces deux grands Theologiens que le P. Simon reprend comme n'ayant pas eu les qualités necessaires à un Traducteur de la Bible; & j'aime mieux le croire en cela, que de produire ici les erreurs manifestes de leurs Traductions,& qu'on ne trouvera pas, au-moins en si grand nombre, dans celles des nôtres. De-plus,quand le P. Simon voudra prendre la peine de marquer nos fautes, nous ne lui en faurons point mauvais gré ; parce que nous ne demandons qu'à être instruits par des gens qui entendent ces matieres,comme il fait. Mais les gens de Port-Royal au-contraire , bien qu'ils soient ignorans dans cette literature, ne veulent point être repris.

Le P. Simon passe après cela à montrer l'utilité qu'il y a à établir des Scribes publics dans la République des Ebreux , ausquels Scribes il donne le pouvoir non seulement de mettre par écrit ce qui se passoit de plus important dans cette République ; mais aussi de receuillir de ces anciens Actes ce qu'ils jugeoient à propos de donner au public, en les abregeant ou y ajoûtant quelque chose selon leur temps. Il est vrai que les preuves qu'il produit dans son Memoire instructif rendent probable cette proposition dans l'Eglise Romaine , puis qu'il a pour lui plusieurs Docteurs tant anciens que nouveaux qui sont de son sentiment. Mais après tout, l'objection qu'on lui fait dans ce même Memoire demeure toûjours dans sa force à l'égard des Protestans qui ne reçoivent point les témoignages de ces Docteurs. On lui oppose que ce sentiment contient des principes qui détruisent la verité de l'Ecriture & de la Religion,& que les libertins liront avec plaisir son Ouvrage. La réponse qu'il fait à cela , savoir qu'on a dit la même chose des Livres de Mr. Cappel & du P. Morin , & qui cependant ne laissent pas d'être approuvés; ne peut pas nous satisfaire , parce que nous sommes persuadés que les Livres de Mr. Cappel & du P. Morin produisent les mêmes effets que le sien, & que ceux qui ont fait supprimer son Livre,s'opposeroient à l'édition de ces Livres,s'ils étoient encore à imprimer, ou même à rimprimer.

Memoire Instructif.

L'on objecte de-plus dans ce même Memoire contre les Ecrivains publics,que le pouvoir qu'on leur donne de réformer les Livres Sacrés, en y ajoûtant ou diminuant selon qu'ils l'ont jugé necessaire , détruit entierement les verités de nôtre Religion , qui est fondée sur les dates & sur la premiere inspiration: ce qu'on y explique de cette maniere. Si on suppose une fois que ce qui est dans Moïse n'est point entierement de lui , & que ce qui est dans les Prophetes n'a pas aussi été écrit par eux , on ne pourra plus défendre, par exemple, l'antiquité de la Prophetie de Jacob ; & Porphyre auroit pû se servir de ce principe pour diminuer l'autorité des anciennes Propheties. Je sai que le P. Simon répond à cela, qu'il n'a rien avancé sur

Memoire.

Porphyre.

cette

cette matiere qui ne se trouve formellement dans les Peres qui ont été ses guides ; & que bien-loin qu'il favorise les libertins, il est impossible de résoudre solidement leurs objections, si l'on n'a recours à son principe. Mais sans parler de l'autorité des Peres, que j'avouë lui être favorable, il y a d'autres voyes de résoudre les objections que les libertins font contre la divinité de l'Ecriture. Je voi même que le P. Frassen Cordelier & Docteur de Sorbonne, a non seulement attaqué ce principe du P. Simon, mais qu'il a même réfuté Mr. Huët, qui lui a semblé s'approcher trop des sentimens de Spinoza, dans le temps même qu'il le réfute. Aussi ce Cordelier tâche-t-il d'expliquer tout ce que le P. Simon & Mr. Huët croyent être des additions aux Livres de Moïse. Il est de-plus constant, que tous les Docteurs Juifs demeurent d'accord, qu'il n'y a rien dans les Livres de Moïse qui ne soit en effet de lui, si ce n'est ce qui est rapporté à la fin du Deuteronome touchant sa mort. Josephe & Philon passent plus avant: car ils croyent même que Moïse en est aussi l'Auteur, & qu'il l'a écrit par un esprit de Prophetie. Tout ce que le P. Simon produit des nouveaux Docteurs de l'Eglise Romaine prouve bien qu'il n'est pas l'Auteur d'un nouveau systeme, & qu'ainsi on ne devoit pas supprimer son Livre pour des faits dont les plus habiles Docteurs de l'Eglise Romaine demeurent d'accord avec lui. Mais il me semble que dans une affaire d'aussi grande importance qu'est celle-là à-cause des consequences fâcheuses qui suivent de son principe, il vaut mieux prendre le parti le plus seur, qui est celui des Protestans, qui n'ont aucun égard à toutes ces autorités : & il a veu même par experience, que ceux qui ont fait supprimer son Livre n'y ont eu aucun égard. D'où je conclus, que cette grande utilité qu'il prétend tirer de son principe pour éclaircir les principales difficultés de l'Ecriture, n'est point une veritable utilité ; puis qu'elle est accompagnée de si grands inconveniens : & en ces sortes de rencontres il est à propos de rejetter tout ce qui semble estre utile, quand il nuit en effet.

P. Frassen, Disquisit. Biblic.

M. Huët.

Joseph. Philon.

Non prosit potiùs quidquid obesse potest.

Après que le P. Simon a rapporté plusieurs exemples de l'utilité prétenduë de son principe, il se jette de toute sa force sur les Protestans & sur les Sociniens, qu'il croit estre obligés de recourir à la Tradition, puis qu'il est arrivé tant de changemens aux Exemplaires de la Bible depuis que les Originaux en ont été perdus. Il ajoûte, que *si la verité de la Religion n'étoit demeurée dans l'Eglise, il ne seroit pas seur, de la chercher maintenant dans des Livres qui ont été sujets à tant de changemens, & qui ont dépendu en beaucoup de choses de la volonté des Copistes.* On peut dire que c'est là la conclusion de la Premiere Partie, ou même de tout le Livre du P. Simon, qui n'a fait toute son Histoire des differens changemens qu'il prétend être arrivés aux Livres Sacrés, que pour réduire les Protestans à reconnoître la Tradition autorisée de son Eglise: & je ne doute point que ce ne soit une des principales raisons qui a fait goûter son Livre à Rome. Le Prelat cependant de France qui s'y est le plus opposé, se sert aussi-bien que lui de la Tradition dans les Livres qu'il a faits contre les Protestans, sans qu'il reconnoisse ce principe. Au-contraire il l'a combattu, & il n'y a pas d'apparence qu'il ait voulu favoriser des gens qu'il tâche de détruire par toutes sortes de voyes. D'où il est aisé d'inferer, que les plus éclairés mêmes de la Communion de Rome ne sont pas là-dessus du sentiment du Pere Simon.

Je voudrois bien savoir de lui, quand il aura mis à part l'Ecriture comme un principe dont on ne peut rien conclure, dans quelle Eglise il prendra sa Tradition. Sera-ce dans la Romaine ou dans la Grecque, dans la Syrienne ou dans l'Ethiopienne? La foi doit être Catholique, c'est-à-dire, universelle; & toutes ces Eglises sont particulieres. S'il nous dit qu'il la prendra dans toutes, il faut qu'il nous montre auparavant qu'elles sont toutes d'accord. Quelque grande que soit son érudition, je croi qu'il auroit de la peine à faire voir que les décisions du Concile de Trente qui est le dernier, sont generalement reçûës dans toutes ces Eglises, puis qu'on n'y sait pas même s'il y a eu un Concile à Trente. Ce Concile même qu'on nous veut faire croire être la pure creance de l'Eglise, n'est point reçû en France; & ainsi on n'a aucune raison de nous le proposer comme une regle à laquelle nous devons nous soumettre aveuglément. Je sai qu'on répond ordinairement à cela, qu'il est reçû pour ce qui regarde les points de la foi; bien qu'il ne soit pas reçû dans les matieres de discipline. Mais cette distinction dont tout le monde se sert est sans aucun fondement, parce qu'il n'a point été reçû plûtost pour la foi que pour la discipline. Si cela est, qu'on nous produise la publication de ce Concile, ou un acte qui nous montre qu'il a été veritablement reçû & publié. Car selon les regles du droit, un Concile ne peut faire loi, s'il n'a été publié. Il n'y a pas encore beaucoup d'années que dans une Assemblée du Clergé on délibera pour présenter une requeste au Roi, afin que ce Concile fust reçû quant à ce qui regarde la foi seulement : mais quelque déliberation que les Prelats ayent faite là-dessus, la Cour n'a jamais voulu écouter leurs requestes. Il n'y a eu que la Ligue qui le publia dans Paris & dans quelques autres Eglises de France sous l'autorité du Duc de Mayene. Je demande donc au P. Simon, où il prendra sa Tradition. S'il dit dans l'Eglise; ce mot est trop general. S'il ajoûte, que l'Eglise a décidé dans les Conciles ce qu'on devoit croire; je le prie de me marquer dans quels Conciles. Nous venons de voir que le Concile de Trente n'oblige en conscience de tous les François, que les seuls Ligueurs qui l'ont reçû. S'il a recours à celui de Florence, la France ne l'a point aussi reconnu comme un Concile General. Le Cardinal de Lorraine s'expliqua assez là-dessus dans le temps du Concile de Trente. Il est aussi aisé de produire des actes qui monstrent évidemment que les Sorbonistes ne l'ont point reçû; & la chose

Concile de Florence. Cardin. de Lorr.

parle d'elle-même. Les François reçoivent le Concile de Basle comme General ; & partant ils ne peuvent pas recevoir le Concile de Florence qui se tenoit en même temps, parce qu'il n'y a qu'une Eglise, & cette Eglise ne peut pas être représentée dans deux Conciles opposés. Ce qui m'étonne le plus, c'est de voir que les François dans les éditions qu'ils font imprimer des Conciles, donnent le nom de Concile General au Concile de Florence qu'ils n'ont point reconnu. Les Romains qui ont plus de cervelle, n'ont imprimé dans leur édition des Conciles Generaux à Rome que celui de Florence, sans faire mention de celui de Basle. Voilà donc encore un Concile General où l'on ne peut pas trouver la Tradition de l'Eglise décidée.

Concile de Basle.

Tout cela nous fait voir, que le plus court chemin, & même le plus seur, est l'Ecriture : car si c'étoit ici le lieu de faire Critique de tout ce qu'il y a eu de Conciles depuis le premier Concile de Nicée jusqu'à celui de Trente, je ferois voir aisément que l'autorité des Conciles qu'on prétend représenter l'Eglise, est encore moins seure que l'Ecriture. A quoi donc nous en tiendrons-nous ? Quand le P. Simon nous oppose qu'il y a bien eu du changement dans les Livres Sacrés depuis que les Originaux ont été perdus, il y en a encore eu davantage dans les Conciles, dont nous n'avons point d'Actes authentiques. J'ajoûterai encore un mot pour en convaincre le P. Simon, s'il n'en est déja convaincu, ayant appris qu'il n'a pas moins travaillé sur cette matiere que sur l'Ecriture, & qu'il a voulu seulement publier ce qu'il croyoit pouvoir détruire les Protestans. Le Concile dont on presse le plus les Protestans est celui de Latran sous le Pape Innocent III. cependant ce n'est point un Acte authentique; car les articles de foi qui y sont décidés ne sont point signés des Evêques du Concile, mais d'Innocent III. seulement, qui les accommoda selon sa volonté après la separation des Evêques : ce qui ne peut pas représenter la foi de toute l'Eglise, selon le sentiment commun des Evêques de France, qui croyent que le Pape seul ne peut pas établir des articles de foi.

Concile de Latran.

Le Pere Simon ne s'est pas contenté de faire l'Histoire du Texte Ebreu de l'Ecriture selon les differens temps & les differens lieux, pour monstrer que les Protestans ne peuvent avoir de principe seur en ne reconnoissant que cette Ecriture : mais il prétend aussi prouver la même chose par l'Histoire des Versions de la Bible; & afin de faire voir qu'il est presque impossible de bien traduire l'Ecriture, il donne le plan d'une nouvelle Traduction, où il exagere merveilleusement les difficultés qui se rencontrent à traduire les Livres Sacrés ; & comme il ne s'est proposé dans cette Préface, que de montrer l'utilité de ses principes, il conclut de là en faveur de l'Eglise Romaine, *Qu'il y a de l'ignorance ou de la préoccupation dans l'esprit des Protestans, qui prétendent que l'Ecriture est claire d'elle-même.* On ne peut pas nier, à-la-verité, qu'il ne se trouve

trouve de grandes difficultés dans la traduction de l'Ecriture : mais il ne s'ensuit pas de là qu'on n'en puisse faire une Version qui représente suffisamment l'Original pour ce qui regarde la creance. Cette difficulté se rencontrera, par exemple, dans les noms des animaux, des plantes, des pierres & autres choses de cette nature qui ne regardent nullement la Religion. Je veux même qu'il y ait de l'incertitude dans quelques mots Ebreux, sur lesquels les Interpretes tant Juifs que Chrêtiens sont partagés. Cela va seulement à dire qu'il y a plusieurs passages de l'Ecriture dont on n'a pas encore une parfaite connoissance. Ce qui est commun à tous les Livres, sur lesquels on fait de nouveaux Commentaires tous les jours. Il ne s'ensuit pas de là, que ces Livres ne puissent être expliqués sans une Tradition. Chacun se sert de voyes ordinaires pour l'explication de ces Livres, savoir de la connoissance des Langues & de l'étude qu'on a des matieres qui y sont traitées. Il en est de-même pour l'Ecriture.

Peres. Le P. Simon tombe même d'accord dans sa Préface, que les Peres n'ont pas souvent si bien reüssi dans l'explication de l'Ecriture, que les nouveaux Interpretes qui s'y sont plus appliqués. C'est une des objections que ceux de sa Communion lui ont faite, & qui est rapportée dans son Memoire instructif en ces termes. *La Critique détruit l'autorité des Peres, en marquant qu'ils n'ont pas eu une connoissance assez exacte du sens literal de l'Ecriture, & qu'en plusieurs rencontres les Interpretes modernes ont mieux reüssi qu'eux.* Je sai qu'on lui a fait inutilement cette objection, & qu'il se défend très-bien, en faisant voir non seulement par les Ouvrages du Cardinal Cajetan, mais même par tout ce qu'il y a eu d'habiles gens dans sa Communion, que les Catholiques Romains qui ont fait depuis même le Concile de Trente, des Commentaires sur l'Ecriture, se sont souvent éloignés de l'explication des Peres. Il suffit pour cela de lire les Commentaires du Jesuite Maldonat sur les Evangiles, où il reprend quelquefois Saint Augustin, pour s'être jetté sur des allegories, ou pour n'être pas assez à la lettre. En un mot, je demeure d'accord que ceux qui lui ont fait cette objection ont eu tort, puis que les Peres ne sont pas en cela infaillibles : mais je conclus de là en même temps contre lui, qu'on peut expliquer differemment plusieurs passages de l'Ecriture, & que cette diversité de sentimens ne regardant que la Critique, n'empêche point que les autres passages sur lesquels on s'appuye pour la creance, ne soient clairs & suffisans pour établir un dogme. Maldonat.

Le P. Simon rapporte dans cette même Préface plusieurs particularités qu'on avoit ignorées jusqu'alors touchant ce qui se passa à Rome au sujet de l'édition de la Critique de Mr. Cappel, parce qu'on l'avoit fait imprimer à Paris avec Privilege. Mais si l'on joint à cette Histoire la Lettre entiere du Cardinal François Barberin au P. Morin touchant la Critique de Mr. Cappel, on se confirmera dans les raisons que les Pro- Cappel.

Proteſtans ont euës de s'oppoſer à l'édition du Livre de Mr. Cappel, leſquelles retombent en même temps ſur la Critique du P. Simon, qu'on a auſſi ſupprimée pour de ſemblables raiſons. La Lettre de ce Cardinal ſe trouve imprimée dans un Recueil de Lettres que les Anglois ont publié en 1682. ſous le titre de *Antiquitates Eccleſiæ Orientalis.* On croit même que ce Recueil vient du P. Simon, qui le devoit mettre en de meilleures mains qu'en celles des Anglois, qui n'ont pas pris le ſoin de le donner correct. Quoi qu'il en ſoit, le Cardinal Barberin parlant de la Critique de Mr. Cappel, écrit au P. Morin, que ce Livre fait du bruit à Rome, à-cauſe de l'approbation que les Catholiques lui avoient donnée; que l'Auteur s'eſt attribué le pouvoir de corriger les Livres Sacrés de ſon autorité particuliere, ce qui eſt réſervé à l'Egliſe & au Pape. *Illud ab eo privatæ autoritati tribui, quod Eccleſiæ & Summo Pontifici reſervatum videtur, etiamſi in minima dictione aut vocula correctio eſſet adhibenda.* Il ajoûte de-plus dans cette même Lettre, que dans le temps qu'il étoit en France il avoit reconnu qu'on avoit fait des difficultés ſur l'impreſſion de ce Livre, parce que l'Auteur exerçoit ſa Critique avec trop de rigueur contre le Texte Ebreu, auquel il ſemble qu'on ne doive pas toucher, étant ſacré; & que toutes les raiſons qu'on apportoit pour publier cette Critique, conſiſtoient en ce qu'elle étoit oppoſée aux Heretiques qui abuſoient du Texte Ebreu. Voici les termes Latins de l'Epitre. *Apud me alicujus momenti eſt, quòd cùm apud vos agerem, acceperim diu hæſitatum fuiſſe circa Libri editionem: nam ab ea deterrebat nimius cenſoris rigor in Textum Hebraicum, ob hiſtoriæ ſanctitatem & inviolabile ſacramentum; cùm tamen omni ſtudio contenderetur ideo hoc opus dandum in lucem eſſe, quòd perſpicuè demonſtraret Hæreticos abuſos Hebraico Textu; ita ut ſi publici juris fieret hoc opus, veriſimile eſſet illos id ægrè laturos, præſertim homine ejuſdem farinæ hæc docente, ut poſtea evenit.* Enfin il finit par ces termes, que la Cour de Rome doit s'oppoſer non ſeulement aux erreurs, mais à tout ce qui paroit trop curieux & trop hardi. *Dare operam debemus, ut non errores modò, verùm etiam curioſitatem omnem & audaciam quibus ad novos errores via ſternitur, depellamus.*

Recueil de Lettres.

Lettre du Cardin. Franc. Barberin en 1653.

Si le P. Simon veut faire réflexion ſur cette Lettre qui ne peut pas lui avoir été inconnuë, puis qu'il l'a donnée au public, il y trouvera l'Apologie des Proteſtans pour l'oppoſition qu'ils ont faite à la publication de la Critique de Mr. Cappel, & en même temps la juſtification de ceux qui ont fait ſupprimer à Paris ſon Hiſtoire Critique, pour ne donner pas cours à des ſentimens douteux & hardis qui peuvent enfin jetter dans l'erreur.

Enfin le P. Simon dans ſa Préface donne des raiſons du titre de ſon Livre, pourquoi il s'eſt ſervi du mot de Critique. J'avouë que les raiſons qu'il apporte ſont ſuffiſantes, parce qu'il ſe ſert du mot *Critique* non pas dans le ſens qu'il ſe prend ordinairement, mais comme d'un terme

terme d'art, & qui étoit en quelque façon consacré à la matiere qu'il traitoit. Tout cela n'a pû neanmoins empêcher que plusieurs qui n'avoient pas lû son Livre, & qui même ne le pouvoient pas lire, parce qu'il étoit supprimé, n'ayent conçû une très-mechante idée de tout l'Ouvrage sur le seul titre. J'ai même appris qu'un Reverend Capucin dans le temps qu'on ne parloit dans Paris que de ce nouveau Livre, s'étoit expliqué là-dessus chez des personnes de la premiere qualité d'une maniere un peu forte, savoir que les Peres de l'Oratoire qui étoient de grands Jansenistes, avoient fait la Satyre de la Bible. Ce bon Pere croyoit que Critique & Satyre étoient la même chose: & en quoi il se trompoit encore plus, c'est qu'il croyoit que tous les Peres de l'Oratoire étoient Jansenistes. Ce qui fit grand tort au P. Simon, ayant par ce moyen les Jansenistes contre lui, qui le regardoient comme un homme qui leur étoit opposé, & qui par consequent médisoient contre son Livre: d'autre part, les Moines & les dévots qui le croyoient Janseniste, parce qu'il étoit de l'Oratoire, crioient incessamment contre la Critique, dont même quelques Jesuïtes qui ne savoient pas que le P. Simon fust leur ami, ne dirent pas trop de bien.

J'ose dire au P. Simon, que plusieurs Protestans de France lui rendirent en cela plus de justice, que ceux de sa Communion, qui jugeoient la plus-part d'un fait qu'ils n'entendoient point. Car quelques-uns d'eux ayant lû sa Critique, se contenterent de dire que l'Ouvrage étoit bon dans les principes de l'Eglise Romaine, & que ceux qui le condamnoient si fort, reviendroient de leur entêtement; que pour eux ils n'avoient pas sujet de se loüer d'un Livre qui combattoit de toute sa force les principes de leur Religion; qu'ils étoient bien-aises qu'on l'eust supprimé, parce que cela faisoit leur affaire. Quelques Docteurs d'Oxford furent aussi de ce sentiment, ne pouvant pas comprendre pourquoi on supprimoit un Livre qui étoit dans les principes de l'Eglise Romaine: & voulant être éclaircis, je leur fis réponse qu'en France on n'étoit pas présentement si fort porté pour ce qui regarde les Traditions, qu'on l'est à la Cour de Rome, & qu'ils y examinent serieusement les consequences qui suivent de ces Traditions en faveur de cette Cour, laquelle sous prétexte de Traditions donne tout au Droit nouveau qui leur est d'une grande utilité. En-effet, nous avons vû dans ces dernieres disputes des Prelats de France avec la Cour de Rome, qu'ils ont prétendu défendre leurs sentimens par l'Antiquité, sans avoir égard aux dernieres décisions, ni à cette maxime des Romains, *Ultima tota.* On regle à Rome les affaires de la Religion, sur le même pied que les affaires civiles. On s'y met fort peu en peine de ce que les Peres ont crû. Aussi disent-ils, *Antiqua nulla.* Le Pape y est consideré comme un Monarque absolu qui décide en Souverain, sans dépendre ni de l'Ecriture ni de toute l'Antiquité; au-lieu qu'en France on pese fort l'Antiquité pour l'op-

Maximes de Rome.

l'oppofer à la Cour de Rome. C'eft à quoi apparemment le P. Simon n'a pas pris garde, non plus que quelques années avant lui le P. Thomaffin auffi de l'Oratoire de Paris, dont on a fupprimé un Livre qui favorifoit l'autorité du Pape. Il a eu beau dire qu'il n'avoit rien avancé que ce qui fe trouvoit dans des Ouvrages imprimés en France avec Privilege & Approbation ; on n'y a point eu égard. C'eft pourquoi on doit confiderer l'Eglife de France comme tenant un milieu entre Rome & les Proteftans : & c'eft ce que le P. Simon n'a pas affez confideré, quand il a écrit contre les Proteftans, pour autorifer les Traditions de la même maniere qu'elles font autorifées à Rome. Venons maintenant à l'examen particulier de fon Hiftoire.

P. Thomaffin.

Il donne d'abord dans fon premier Chapitre le plan de tout fon Ouvrage avec beaucoup d'adreffe : & comme il a voulu prévenir le monde dans fa Préface, en faifant fonner bien haut l'utilité de fes nouveaux principes ; de-même dans ce premier Chapitre il n'oublie rien pour les infinuer dans l'efprit de ceux qui liront fa Critique. Il tâche même de gagner l'efprit des Dames, marquant que St. Jerôme a autrefois écrit à des Dames de la premiere qualité fur la même matiere. Auffi fe plaint-il que peu de gens s'appliquent aujourdhui à la Critique des Livres Sacrés. Mais cette plainte ne peut tomber que fur les gens de fa Communion : car on n'a jamais publié tant de Livres fur la Critique, qu'on en a publié de nôtre temps chez les Proteftans. Il feroit inutile de m'arrêter fur ce Chapitre, puis qu'il ne contient que le fommaire de ce qu'il explique en détail dans tout l'Ouvrage. Je dirai feulement deux mots fur ce qu'il a remarqué touchant les diverfes leçons des Exemplaires Grecs du Nouveau Teftament recueillies par Beze, *Lefquelles*, dit le P. Simon, *ne confiftent pas en des minuties, comme plufieurs s'imaginent; mais en des periodes entieres omifes & ajoûtées, & en des mots qui changent fouvent le fens.* Mais toutes ces varietés, bien qu'elles changent en quelques endroits le fens, font de nulle importance dans ce qui regarde la creance & les mœurs, & ce qui eft defectueux dans un Manufcrit peut être facilement rétabli par plufieurs autres. Les Livres de Ciceron ne font pas moins les Livres de Ciceron, pour y avoir un grand nombre de diverfes leçons, & quelques-unes même qui changent le fens.

Beze.

Il parle au même endroit des diverfes leçons que le P. Amelote de l'Oratoire a recueillies dans fa Verfion Françoife du Nouveau Teftament, pour juftifier l'ancien Interprete Latin. Mais je ne croi pas que le P. Simon autorife la méthode de ce Pere à ne rapporter des anciens Exemplaires Grecs que ce qui faifoit à fon deffein : car il eft facile de recueillir un grand nombre de diverfes leçons de ces mêmes Exemplaires, qui ne s'accordent pas avec la Vulgate. Au-refte, je ne m'étonne pas que le P. Simon fe foit plaint de ce qu'on negligeoit fi fort la Critique de l'Ecriture, parce que ce mê-

me

P. Amelote. me P. Amelote, qui se dit avoir été choisi par le Clergé de France, paroit ne l'entendre guéres : & ce qui me surprend le plus, c'est qu'à l'entendre parler dans sa Préface, il a parcouru tout l'Orient pour faire une recherche exacte des bons Manuscrits ; & tous ces prétendus Manuscrits se trouvent imprimés la plus-part par des Protestans. Aussi ce bon Pere est-il plaisant dans le Catalogue qu'il apporte de ces venerables Manuscrits, n'ayant pû déchifrer les noms qui sont imprimés en abregé dans le sixiéme Volume de la Polyglotte d'Angleterre. Il les multiplie à sa maniere, & il nous en donne qui ne furent jamais. Par exemple, ayant lû Magd. qui signifie le College de la Magdeleine à Oxford, il nous donne un College de Magdebourg. Mais ce n'est pas à quoi je veux m'arrêter, si ce n'est pour marquer au P. Simon, qu'il n'a pas eu raison de dire que les Docteurs de Geneve sont ignorans. Il auroit de la peine à trouver dans sa Communion un aussi habile Critique que Beze sur le Nouveau Testament, & qui ait plus conferé d'Exemplaires manuscrits ; outre qu'il étoit savant dans la Langue Grecque. Le P. Simon qui a examiné la Version Françoise du Nouveau Testament faite par Messieurs de Port-Royal, en peut être bon juge, & nous nous en rapporterions volontiers à son jugement. *Version de Port-Royal.* Ce n'est pas de quoi ces Messieurs se picquent que de la Critique ; pourveu qu'ils parlent François & selon leurs préjugés, cela suffit. Ils sont persuadés qu'il y a peu de gens de leur Communion qui soient capables de les reprendre. Aussi sont-ils venus facilement à bout des Maimbourgs & des Mallets. Ce dernier cependant étoit un des principaux Docteurs de Sorbone ; & le premier un gros Jesuïte qui s'est rendu fameux par le grand nombre de ses Livres. Ce sont ces gens-là, & non pas les Docteurs de Geneve, qu'on doit traiter d'ignorans en matiere de Critique.

Le second Chapitre de l'Histoire Critique rapporte les preuves particulieres sur lesquelles le P. Simon a établi les anciens Scribes dès le temps de Moïse chez les Ebreux. Mais je ne les trouve pas toutes également fortes. Car pour ce qui est de Josephe, *Josephe.* il ne parle que des Prophetes qui ont écrit depuis Moïse jusqu'au temps d'Artaxerxes, n'ayant point eu dessein de parler d'autres Prophetes ou Ecrivains que de ceux qui avoient écrit les XXII. Livres de la Bible qui étoient les Livres Sacrés des Juifs, & qui avoient seuls autorité parmi eux. Eusebe ne parle aussi *Eusebe.* dans l'endroit que cite le P. Simon, que de certains Livres reconnus pour Divins, & nullement de ces autres qu'on prétend avoir été conservés dans les Archives, d'où on aura tiré la meilleure partie de ceux que des Ecrivains posterieurs ont donné au public. C'est pourquoi la conclusion du P. Simon ne peut pas être juste, puis qu'elle est plus étenduë que son principe. J'avoüe que Theodoret, *Theodoret, Diodore.* Diodore & quelques autres Peres lui sont plus favorables, parce qu'ils reconnoissent que quelques-uns des Livres Sacrés ont été en-effet composés par des Ecrivains posterieurs

aux

aux Actes d'où ils ont été recueillis : mais ces Auteurs ont pû se tromper dans un fait de cette nature, & sur lequel même St. Augustin, qui étoit au-moins aussi savant que Theodoret, n'a presque pas osé rien prononcer, tant il voyoit cette matiere difficile & embarassée. Je rapporterai ici ses paroles dans toute leur étenduë, afin que chacun puisse juger de son sentiment, & s'il n'est pas plus probable que celui de quelques Peres Grecs que le P. Simon a suivis. *In ipsa historia Regum Judæ & Regum Israël, quæ res gestas continet de quibus eidem Scripturæ Canonicæ credimus, commemorantur plurima quæ ibi non explicantur, & in libris aliis inveniri dicuntur, quos Prophetæ scripserunt, & alicubi eorum quoque Prophetarum nomina non tacentur; nec tamen inveniuntur in Canone quem populus Dei recepit : cujus rei fateor causa me latet, nisi quòd ego existimo etiam ipsos quibus ea quæ in autoritate Religionis esse deberent, Sanctus utique Spiritus revelabat; alia sicut homines historicâ diligentiâ, alia sicut Prophetas inspiratione divinâ scribere potuisse; atque hæc ita fuisse distincta, ut illa tamquam ipsis, ista verò tamquam Deo per ipsos loquenti judicarentur esse tribuenda, ac si illa pertinerent ad ubertatem cognitionis, hæc ad Religionis autoritatem. In qua autoritate custoditur Canon, præter quem si qua jam etiam sub nomine verorum Prophetarum scripta proferuntur, nec ad ipsam copiam scientiæ valent, quoniam utrùm eorum sint quorum esse dicuntur, incertum est.*

St. Augustin.

August. lib. 18. de Civitat. Dei, cap. 38.

On peut recueillir de ce passage, que St. Augustin a entierement ignoré ces Ecrivains publics qui écrivoient tout ce qui se passoit dans la République des Ebreux pour le conserver dans les Archives. Il n'a reconnu de divin que ce qui étoit dans le Canon Juif. A l'égard de ces autres Livres qui sont cités dans les Livres des Rois & des Paralipomenes sous les noms de plusieurs Prophetes, il les croit purement humains, bien qu'ils ayent été composés par des Prophetes qui les ont écrits en qualité d'Historiens, & non pas de Prophetes. Je n'ai rien à répondre à l'autorité de Masius, Pererius & des autres nouveaux Auteurs que le P. Simon cite pour appuyer son sentiment, sinon qu'ils n'ont pas eu une veritable idée des Ecrivains Sacrés, & telle que l'a eüe Saint Augustin, qui doit être préferé aux nouveaux Auteurs.

Pour ce qui regarde les additions que le P. Simon prétend être même dans les Livres de Moïse, & qu'il tâche d'appuyer par plusieurs raisons & exemples tant dans ce Chapitre, que dans les deux suivans; je ne voi pas que ni ces raisons ni ces exemples soient des démonstrations. Il n'y a tout au plus en cela que quelque probabilité apparente : mais il faut toûjours recourir à ce principe qu'on objecte au P. Simon dans son Memoire instructif, savoir qu'il est necessaire de garder les dates, & que tout ce qui est dans l'Ecriture doit être d'une premiere inspiration. Je sai que le P. Simon répond à cela dans ce même Memoire, que les Peres n'ont point eu cette délicatesse de distinguer entre premiere & seconde inspiration; qu'il suffit que les

Memoire instructif.

les choses ayent été inspirées soit de premiere ou de seconde inspiration. Il produit pour cet effet l'opinion commune des mêmes Peres, qui n'ont fait aucune difficulté de reconnoître qu'Esdras avoit rétabli les Ecritures Sacrées qui avoient été perduës, ou au-moins alterées pendant la Captivité; & en ce cas-là elles ne seront que de seconde inspiration.

J'avouë que cette objection tirée du sentiment commun des Peres peut faire quelque impression sur l'esprit des Catholiques Romains, qui déferent beaucoup à leur autorité: mais il n'en est pas de-même des Protestans, qui considerent les choses en elles-mêmes sans se remplir de préjugés. Nous voyons de-plus, que Monsieur l'Evêque de Meaux combat avec force ceux qui croyent qu'il y ait dans les Livres de Moïse quelques additions faites par Esdras; & ce qui le confirme le plus dans cette pensée, c'est que le Pentateuque Samaritain où Esdras n'a point touché, est le même que le Pentateuque Ebreu des Juifs. Il va même plus avant; car il croit qu'il y a de l'impieté à croire ces sortes d'additions, & qu'il ne se peut pas faire qu'Esdras ait oublié qu'il vouloit faire parler Moïse. *Si contre le témoignage du genre humain*, dit ce Prelat, *& contre toutes les regles du bon sens l'impieté s'attache à ôter au Pentateuque & aux Prophetes leurs Auteurs toûjours reconnus, & à leur contester leurs dates; c'est que les dates sont tout en cette matiere pour deux raisons: premierement, parce que des Livres pleins de tant de faits miraculeux que l'on voit revêtus de leurs circonstances les plus particulieres, & avancés non seulement comme publics, mais encore comme présens, s'ils eussent pû être démentis, auroient porté avec eux leur condamnation, & au-lieu qu'ils se soutiennent par leur propre poids, ils seroient tombés par eux-mêmes il y a long-temps: secondement, parce que leurs dates étant une fois fixées, on ne peut plus effacer la marque infaillible d'inspiration divine, qu'ils portent empreinte dans le grand nombre & la longue suite des prédictions memorables dont on les trouve remplis.*

Mr. l'Evêque de Meaux.

J'ai rapporté un peu au long les paroles de cet Evêque, parce qu'elles éclaircissent merveilleusement le fait dont il s'agit. J'aurois seulement souhaité, que pour ne donner pas occasion à ces impies de réfuter son principe, il n'eust reconnu aucunes additions dans les Livres de Moïse, non seulement par Esdras, mais même par aucun des Prophetes plus anciens. Cependant il avouë librement, qu'il y a quelques faits dans Moïse qui y ont été mis par Josué, ou par Samuël, ou par quelques autres de pareille antiquité, puis qu'ils se trouvent dans le Samaritain. Ce principe semble ruiner ce qu'il a supposé touchant les dates & la premiere inspiration: & je voi même que le P. Simon n'appuye pas beaucoup sur la révision des Livres Sacrés qu'on croit avoir été faite par Esdras; au-contraire il semble la réfuter en quelques endroits. Ainsi Monsieur de Meaux n'a peut-être pas pris garde qu'en réfutant par de bonnes raisons le principe du P. Simon, il

il le confirmoit en même temps, accordant que Josué, ou Samuël, ou quelque autre Prophete de ce temps-là ont ajoûté quelque chose à Moïse: car le P. Simon ne demande que cela pour autoriser son sentiment touchant les Prophetes posterieurs qui ont réformé les Actes de leurs prédecesseurs. Il croit même que ce qui est à la fin du Deuteronome y a été ajoûté par Josué. Ce n'est pas assez que Monsieur de Meaux dise que ces additions sont de nulle importance: car on conclura toûjours de là qu'il y a de veritables additions, & qu'il n'est pas facile de juger si elles sont de consequence ou non. C'est pourquoi il me semble que ces paroles de cet Evêque ne s'accordent pas tout-à-fait avec son principe, *Quelle merveille que ceux qui ont continué son Histoire ayent ajoûté sa fin bienheureuse au reste de ses actions, afin de faire du tout un même corps? Pour les autres additions, voyons ce que c'est. Est-ce quelque loi nouvelle, ou quelque nouvelle ceremonie, quelque dogme, quelque miracle, quelque prédiction? On n'y songe seulement pas. Il n'y en a pas le moindre soupçon ni le moindre indice.* Il convient avec le P. Simon, qu'on a pû continuer une Genealogie commencée, expliquer un nom de ville changé par le temps, & ainsi de quelques autres additions rapportées par lui, dont ce Prelat demeure d'accord: ce qui me paroit être d'une dangereuse consequence, parce que les libertins diront que si on a bien pû ajoûter quelque chose aux genealogies, on aura pû par la même raison ajoûter aux miracles & aux Propheties.

Il est donc plus à propos de nier absolument toutes sortes d'additions dans les Livres de Moïse, & reconnoître que tout y est écrit d'une premiere inspiration. Aussi est-ce le principe que le P. Frassen Cordelier a établi: puis il réspond à toutes les raisons qu'on peut apporter pour autoriser ces prétenduës additions; & croit que ceux qui reconnoissent le moindre changement, même le nom d'une ville changé en un autre, donnent trop à leurs adversaires. *Ista responsio*, dit-il, *nimium tribuit adversariis, neque modicum favet eorum sententiæ, qui Pentateuchum integrum Mosi abjudicant. Inde namque patet via latissima existimandi, non solùm voculas, sed & sententias integras, imò & narrationes alienas à Mosis historia libris ejus nomine vulgatis ab Esdra fuisse insertas.* Monsieur Vossius appuye fortement cette même opinion dans la seconde Réponse au P. Simon, où il dit que de tous les anciens Peres il n'y a eu que St. Jerôme qui ait crû qu'Esdras eust ajoûté quelque chose aux Livres de Moïse. Ce qu'il réfute comme une opinion manifestement fausse. *Sed illum*, dit-il en parlant de St. Jerôme, *manifesti erroris convincit Samariticum Exemplar.* Il ajoûte de-plus l'autorité de Josephe, qui a asûré que depuis Moïse jusqu'à son temps personne n'avoit été si temeraire que de dire qu'on eust ajoûté quelque chose aux Livres de Moïse. *Si tale quid licitum fuisset, quàm ridiculus fuisset Josephus contra Appionem affirmans, jam à bis mille annis qui à Moysis temporibus ad suam usque effluxerint ætatem, neminem tantæ temeri-*

P. Frassen, Disquisit. Biblic.

Mr. Vossius.

meritatis fuisse repertum, qui in libris Moysis vel addere, vel demere, vel quidquam ausus fuerit transponere.

Ce que le P. Simon avance dans ces mêmes Chapitres touchant les Genealogies & la Chronologie, n'a pas plus d'apparence de verité, parce que pour prouver qu'on ne peut former une Chronologie seure sur les Livres Sacrés, il suppose que ce ne sont que des abregés de Livres plus amples que l'on conservoit dans les Archives: qu'ainsi ces Genealogies ne sont pas toûjours immediates, & partant qu'on n'en peut pas tirer des principes certains de Chronologie. Mais nous avons prouvé ci-dessus par l'autorité de St. Augustin, qu'il n'y a jamais eu d'autres Livres Sacrés que ceux que les Juifs ont mis dans leur Canon, d'où il est facile d'inferer, que ces Livres sont parfaits dans ce qui regarde même la Genealogie & la Chronologie. Aussi voyons-nous que les Juifs & les Chrêtiens tirent le fond de la Chronologie des Livres de l'Ecriture, sur laquelle ils se reglent. Les Juifs la tirent du Texte Ebreu; au-lieu que les Chrêtiens sont partagés là-dessus. Car dans les premiers siecles, & jusqu'à ce que la Version de St. Jerôme ait été en usage dans l'Occident, on a suivi la Version des Septante, que les Eglises d'Orient suivent encore. Mais quoi qu'il en soit, il est toûjours certain, que tant dans l'Eglise que dans la Synagogue, on y a consideré les Livres Sacrés comme des Livres sur lesquels on pouvoit établir des principes seurs de Chronologie. Monsieur l'Evêque de Meaux, qui est un des derniers Auteurs qui ayent écrit sur cette matiere, n'a point d'autres principes de sa Chronologie, que ceux qu'il tire de cette même Ecriture.

A l'égard des répetitions frequentes qui se trouvent dans les Livres de Moïse, dont le P. Simon prétend que Moïse ne peut pas être l'Auteur, au-moins d'une partie; il est aisé de le convaincre par le Pentateuque Samaritain, où elles se trouvent toutes, que ces répetitions sont veritablement de Moïse. Le P. Simon reconnoit lui-même, que ce stile est ordinaire aux Ebreux, qui inculquent souvent la même chose, afin qu'elle fasse plus d'impression sur les esprits. On doit raisonner à peu près de la même maniere de cette diversité de stile & de ces prétenduës défectuosités que le P. Simon trouve dans le Pentateuque, & tâche même de les prouver par l'autorité des Rabbins. Cependant ces Rabbins *Rabbins* reconnoissent tous que Moïse a composé le Pentateuque de la maniere qu'il est présentement; & ce n'est que pour l'explication qu'ils avoüent qu'il y a des manquemens & des choses fort obscures dans le Texte de l'Ecriture, sans qu'ils reconnoissent pour cela aucune alteration dans ce même Texte. A quoi l'on peut ajoûter, que ce qu'il appelle diversité de stile & défectuosité, se trouve également dans le Pentateuque Ebreu des Samaritains & des Juifs.

Je passe sous silence plusieurs choses qui sont dans les Chapitres suivans; parce que ce sont des faits qui regardent purement la Critique, sans que cela porte coup en aucune maniere contre les principes de la Religion des Protestans, que je me suis seulement proposé de défendre dans cette Réponse. C'est pourquoi je passe aux Chapitres XVI. & XVII. de l'Histoire Critique, où le P. Simon attaque la certitude du Texte Ebreu par des voyes indirectes, & par des consequences qui paroissent éloignées. Il prétend que sous le second Temple les Juifs ne parlant plus Ebreu, mais Chaldéen, & s'étant appliqués à débiter des allegories & les Traditions de leurs Peres, avoient negligé la correction des Exemplaires Ebreux. Mais cette sorte de preuve qui n'est pas directe, doit supposer qu'il ne se soit plus trouvé de personnes parmi les Juifs sous le second Temple qui ayent cultivé la Langue Ebraïque. Le P. Simon apporte de puissantes preuves du contraire dans ses Réponses à Mr. Vossius, où il montre qu'on a toûjours lû dans les Synagogues des Juifs le Texte de l'Ecriture en Ebreu, & que l'explication s'en faisoit seulement en langage Chaldéen, ou dans la Langue Grecque parmi les Juifs Hellenistes. Les Exemplaires de l'Ecriture, principalement ceux qui étoient destinés aux usages des Synagogues, étoient écrits par des Prêtres & par des personnes qui savoient la Langue Ebraïque. Les allegories & les Traditions ausquelles les Juifs de ces temps-là étoient appliqués, n'empêchoient pas qu'il n'y eust toûjours des Docteurs savans & des Scribes habiles qui s'appliquoient à avoir de bons Exemplaires. Peut-on tirer aujourdhui des consequences contre la pureté du Texte Ebreu, parce que les Juifs ne s'appliquent qu'aux rêveries de leur Talmud & à des allegories ridicules? N'ont-ils pas outre cela des Scribes exacts? Et ce sont même ces Docteurs allegoriques qui ont établi des regles pour avoir des Exemplaires de la Bible fort corrects.

Outre ces preuves, on en peut encore tirer d'autres des Samaritains, des Saducéens, & des Caraïtes qui sont ennemis des Juifs, & qui se sont opposés aux Traditions. Cependant la difference qui est entre les Exemplaires des Samaritains & des Juifs n'est pas considerable. Les Saducéens n'ont eu jamais aucune dispute avec les Pharisiens, d'où sont venus les Juifs d'aujourdhui, sur le Texte des Livres Sacrés, mais seulement sur les Traditions. Nôtre Seigneur n'a jamais repris les Juifs d'avoir corrompu l'Ecriture; mais seulement de donner une autorité divine à des Traditions humaines. Le P. Simon qui nous a si bien fait connoître la Secte des Caraïtes parmi les Juifs, se sert de leur autorité pour montrer qu'on ne doit pas facilement rejetter le Texte Juif Masoretique. En-effet, les Caraïtes qui sont ennemis des autres Juifs, approuvent ce Texte, & rejettent seulement leurs Traditions. Voilà de grandes preuves en faveur du Texte Ebreu des Juifs, & je les tire toutes de l'Histoire Critique, où le P. Simon ayant voulu garder le milieu, ne laisse pas de fournir de puissantes raisons aux Ebraïsans, quand il les met à couvert des objections du P. Morin & de Mr. Vossius.

De-plus, la preuve qu'il tire des Livres de Josephe, pour montrer que Josephe.

les Juifs de ce temps-là n'étoient point exacts à décrire leur Exemplaire, n'est point concluante, parce qu'il a pû en qualité de Pharisien nous donner des glosses dans son Histoire, sans que cela fasse rien contre l'exactitude du Texte de l'Ecriture. Ces sortes de glosses sont fort en usage dans les Commentaires des Docteurs de l'Eglise Romaine, sans qu'on puisse conclure de là que le Texte de l'Ecriture en est alteré. Les anciens Peres, & sur tout St. Augustin dans son Explication sur les Pseaumes, se perdent souvent dans ces sortes d'allegories, sans que cela nuise en rien au Texte de la Version des Septante, qu'ils reconnoissoient dans ce temps-là pour la vraye Ecriture.

Il faut avoüer que la maniere forte & vigoureuse dont le P. Simon fait voir contre le P. Morin & Mr. Vossius, que les Juifs n'ont jamais corrompu à dessein les Livres Sacrés, est un des meilleurs endroits de son Histoire Critique. Je ne croi pas cependant que bien des gens de sa Communion approuvent cette Critique qu'il fait des Ouvrages d'Origene & de St. Jerôme: car il y dit ouvertement, que ces deux Peres sont fort inconstans dans leurs sentimens; que tantôt ils défendent les Juifs, qu'on accusoit d'avoir corrompu leurs Livres, tantôt ils les accusent eux-mêmes. Si cela est, comme il prétend le prouver par leurs Ouvrages, il a, ce me semble, grand tort de vouloir soumettre les Protestans à leurs décisions pour autoriser la Tradition. N'est-il pas plus à propos de ne s'en rapporter qu'à la seule Ecriture, qu'il reconnoit lui-même être la regle de droit; au-lieu de suivre cette Tradition inconstante, qu'il appelle la regle de fait?

Origene. St. Jerôme.

Les réflexions que le P. Simon fait en-suite sur les Exemplaires Manuscrits des Juifs, sont très-curieux, & marquent en même temps que les Juifs n'ont pas negligé leurs Livres. Il vaut mieux qu'ils ayent été exacts en cela jusqu'à la superstition, comme il leur reproche, que d'avoir abandonné entierement l'Ecriture, comme les Chrêtiens l'ont fait dans les siecles passés, principalement les Moines, & même les Docteurs Scolastiques. Le P. Simon reprend en cet endroit avec un peu trop d'aigreur Monsieur Leusden savant Professeur en Ebreu, & qui a donné au public d'excellens Livres sur les Langues & sur la Critique. Il ne devoit pas oublier de nous dire son sentiment d'une autre édition de la Bible en Ebreu par les Juifs d'Amsterdam en 1667. où Mr. Leusden a aussi travaillé, & qui passe pour la plus exacte que nous ayons.

Mr. Leusden.

Je veux bien croire aussi avec le P. Simon, qu'il n'y a rien de divin & de Prophetique dans la Massore: mais aussi est-il certain que c'est une Critique exacte & severe du Texte Ebreu, & que ces grands Critiques ont recherché avec soin les meilleurs & les plus anciens Exemplaires de leur temps. Je veux de-plus, que les Juifs ayent rapporté dans leurs Livres plusieurs choses fabuleuses touchant la divinité, ou plûtôt l'origine de cette Massore; cela ne nuit point à son exactitude, ni ne change rien dans

Massore.

le fait dont il s'agit. On peut seulement conclure de là, que les Juifs ont trop de veneration pour tout ce que leurs Peres ont fait, & qu'ils sont en cela plutôt superstitieux que religieux. Il en est de-même de l'antiquité des points : car supposant qu'ils ne soient pas si anciens que plusieurs Protestans l'ont crû avec les Juifs, il sera toûjours vrai de dire, que la prononciation qui a été fixée par ces points est aussi ancienne que les Livres mêmes, puis que le P. Simon prouve très-bien dans ses Réponses à Mr. Vossius, que les Massoretes n'ont fait autre chose en inventant les points, que de marquer & d'arrêter par ces points un usage reçû de tout temps. Aussi les Caraïtes n'ont-ils point rejetté cette Tradition de lecture, ni les points, parce qu'ils l'ont crûë veritable & sans aucune difficulté. D'où aussi je conclus, que c'est inutilement que le P. Simon nous reproche, *Qu'il est ridicule de voir qu'il se trouve encore aujourdhui des Chrêtiens, principalement parmi les Protestans, qui respectent cette Massore, comme si elle venoit de Dieu, & qui osent assûrer avec les Juifs, qu'elle sert de haye à l'Ecriture.* S'il est vrai que les Juifs Massoretes n'ayent fait que fixer un usage reçû de tout temps, pourquoi ne reconnoistrons-nous pas cet usage de lecture comme divin, puis que c'est la parole de Dieu ? Les points sont nouveaux, je le veux : mais l'usage que ces points a rendu fixe n'est pas nouveau. Il en est de cela à peu près comme des Lettres Chaldaïques, dont les Juifs se sont servis depuis le retour de la Captivité en la place des anciennes : dirons-nous que ces dernieres Lettres sont moins divines que les premieres ? Ainsi je ne voi pas pourquoi le P. Simon insulte là-dessus aux Protestans, dont les sentimens sont raisonnables ; & ils lui ont même obligation, d'avoir pris leur défense contre Mr. Vossius. J'ai même été surpris, que Monsieur Spanheim, qui demeure d'accord que le P. Simon appuye en cela la bonne cause, applaudisse dans toute sa Lettre à Mr. Vossius, qui est toûjours dans l'excès, quand il parle du Texte Ebreu.

Caraïtes.

L'Histoire des Grammairiens Juifs & la discussion de leurs Livres sont des pieces des plus recherchées de la Critique du P. Simon : mais je voudrois qu'il n'en eust pas conclu comme il fait, l'incertitude tant du Texte Ebreu que de la Langue Ebraïque. Au-contraire, les Ouvrages de ces Grammairiens dont il nous donne plusieurs extraits, sont autant de témoins fideles de la verité du Texte d'aujourdhui, puis qu'ils le lisoient comme nous le lisons. J'avouë qu'ils different entre eux pour les regles de leur Grammaire : mais cela ne fait rien quant au fond de la chose. Au-reste, je sai bon gré au P. Simon, d'avoir ici repris Mr. Cappelain Docteur de Sorbone, & présentement Professeur en Ebreu à Paris, d'avoir accusé de mauvaise foi les Juifs où il ne s'agissoit que de Critique : & c'est ce que le même P. Simon a prouvé fortement contre Mr. Vossius, qui n'a pas paru estre un grand Critique en cette occasion. Le premier Livre de l'Histoire Critique finit ici ; & du

Texte Ebreu on passe aux Versions de ce Texte, qui sont la matiere du second Livre.

Le P. Simon dans le premier Chapitre de son second Livre donne une idée generale des Versions de la Bible, & avance d'abord cette maxime qui est très-veritable, que *l'Ecriture Sainte n'ayant été donnée aux hommes que pour les instruire, elle a été donnée dans une Langue qui leur étoit connuë.* Cependant tous les Docteurs de sa Communion ne tombent pas d'accord de cette verité. Nous avons veu depuis peu un Livre de Mr. Mallet Docteur de la Maison & Societé de Sorbone, qui la combat de toute sa force. Son Livre tout ridicule qu'il est, n'a pas laissé d'être approuvé de plusieurs Docteurs de cette même Maison & Societé de Sorbone qui en font les éloges: tant il est vrai, qu'il y a bien plûtost de l'ignorance & de l'entêtement dans ces gens-là, que dans les Docteurs de Geneve! Peut-on rien voir de plus ridicule que ce que ce Docteur dit fondé sur un passage de Clement Alexandrin qu'il n'a point entendu? savoir, que Moïse a composé une Grammaire pour les Juifs, & partant qu'ils n'entendoient point l'Ebreu, parce qu'on n'apprend point par principes & par regles la Langue de son païs. Je laisse le reste de l'Ouvrage de ce Docteur, qui ne peut servir qu'à donner des preuves convaincantes de l'ignorance crasse où les plus savans même de l'Eglise Romaine sont sur tout ce qui regarde l'Ecriture; & il n'y a personne qui le sache peut-être mieux que le P. Simon, qui a eu des affaires à l'occasion de son Livre avec quelques Docteurs de Sorbone, lesquelles ont éclaté dans le monde.

Mr. Mallet, de la lecture de l'Ecriture Sainte, chap. 4.

Je n'ai rien à dire de cette longue Critique qu'il fait de la Version des Septante, parce qu'il me semble s'être déclaré pour le bon parti contre Mr. Vossius qu'il réfute fort bien. Je souhaiterois seulement qu'il n'eust point fait revenir ici ce qu'il dit ailleurs des Genealogies de l'Ecriture qu'il croit être abregées. Je passe aussi sous silence ce qu'il rapporte dans ce second Livre touchant les autres anciennes Versions Grecques; parce que dans toute cette Critique des anciennes Traductions il n'y a rien qui ne s'accorde avec les principes des Protestans. Je remarquerai seulement, que l'autorité de ces anciennes Versions appuye fortement le Texte Ebreu d'aujourdhui; puis que si l'on compare les fragmens qui nous restent de ces anciennes Versions, avec l'Ebreu de la Massore, on trouvera qu'ils conviennent presque par tout avec cet Ebreu, & s'il y a quelque varieté, elle est de nulle importance. D'où je conclus, que les Protestans ont eu grande raison de laisser les anciennes Versions pour s'attacher uniquement à l'Ebreu, qui est la source de toutes les autres Versions, & qui a été si bien conservé par les Juifs, dont les Exemplaires se trouvent présentement si conformes à ces Traductions faites dès le commencement du Christianisme. C'est sans doute un effet de la providence de Dieu, qui a voulu par ce grand nombre de Versions assûrer l'autorité des Livres Sacrés; & ce qui est en-

encore plus admirable, c'est que la plû-part de ces Versions sont péries, ou elles sont défectueuses. Il n'y a eu que le Sacré Texte Ebreu qui est l'Original, qui soit venu entier & parfait jusqu'à nous par le soin particulier des Juifs, ou plutost par un effet singulier de la providence. C'est par là que je renverse le Systeme du P. Simon dans tout son second Livre, qui semble n'avoir rapporté cette Histoire des anciennes Versions, que pour montrer l'incertitude du Texte Ebreu & l'inconstance de la Langue Ebraïque: mais au-contraire, il n'y a rien qui fasse mieux voir la conservation de ce Texte; & si l'on compare les nouveaux Rabbins avec Aquila dans l'explication de plusieurs mots Ebreux qui sont même obscurs, on trouvera qu'ils s'accordent là-dessus.

Il n'y a rien aussi qui favorise davantage le choix que les Protestans ont fait de regler toutes leurs Versions sur l'Ebreu, que cette nouvelle Version Latine que St. Jerôme fit de son temps sur le même Ebreu, sans avoir aucun égard à l'ancienne Traduction reçûë & autorisée comme divine dans toutes les Eglises du monde. Le choix même que toutes les Eglises d'Occident ont fait de cette nouvelle Version de St. Jerôme, confirme les nouvelles Versions des Protestans. C'est pourquoi il se trouva plusieurs Theologiens dans le Concile de Trente qui furent d'avis qu'on fist une nouvelle Version de toute l'Ecriture sur l'Ebreu, comme Saint Jerôme avoit autrefois fait, parce que celle qu'on lui attribuë n'est pas tout-à-fait exacte. Il n'y avoit rien que de raisonnable dans cet avis, ni rien qui ait plus de rapport avec ce que les Protestans ont observé dans ce dernier temps, qui ont sans doute en cela pris le parti de la verité & du bon sens. Ce fut aussi la principale raison qui obligea Pagnin Religieux Dominicain à faire une nouvelle Version de toute la Bible sur l'Ebreu, parce qu'il ne trouvoit pas que la Vulgate fust exacte, ni même veritablement de St. Jerôme, tant elle lui paroissoit pleine de fautes. Le Pape Leon X. comme le même Pagnin le témoigne, avoit fort approuvé son dessein, & en ayant vû seulement quelques feuilles, il dit qu'il vouloit que cette nouvelle Version fust imprimée à ses dépens. *Volo*, dit ce Pape, *ut meis impensis totus Liber transcribatur, & typis exactè revisus excudatur.* Il est vrai que la plus-part des Theologiens & des Prédicateurs de ce temps-là ne pûrent goûter ce dessein de Pagnin. Mais il se mocqua d'eux, les traitant d'ignorans qui négligeoient l'étude de l'Ecriture. Il les tourna même en ridicules, s'étant partagés en Thomistes & Scotistes, & ne parlant que de Quiddités & de Formalités, *de quidditatibus & formalitatibus.* Il railla enfin leurs études, qu'il appelle Seraphiques, *studia Seraphica.* Le P. Simon fait aussi-bien que nous, que les Theologiens de son Eglise ne sont pas aujourdhui plus habiles qu'ils l'étoient du temps de Pagnin sur tout ce qui regarde l'Ecriture Sainte; au-lieu que les Protestans en font toute leur étude.

Concile de Trente.

Pagnin.

Pagnini Epist. ad Clem.

Pagnin. in Prolog.

Je lui fai bon gré de ce qu'il dit sur ce sujet à la fin du Chapitre XI. de de son II. Livre en ces termes pour approuver la conduite de S. Jerôme. *Il jugea qu'il étoit necessaire de consulter les Originaux; & comme nous avons encore aujourdhui ces mêmes Originaux, on doit estimer ceux qui les consultent sans se préoccuper en faveur des Septante, ni en faveur d'aucune autre Version.* Je doute que cette proposition fust reçûë en Sorbone, où l'on ne connoit point d'autre Bible que la Vulgate; & je trouve que ces Docteurs ont raison en cela, parce qu'ils ne peuvent pas en lire d'autres. Il leur suffit que S. Jerôme ait pris la peine de faire pour eux une nouvelle Version; & comme ils sont persuadés qu'il a bien reüssi, le P. Simon a grand tort de les renvoyer présentement à l'Ebreu & au Grec, ayant assez de peine à entendre le Latin. Ils lui savent même fort mauvais gré, d'avoir réveillé toutes ces questions de Critique. J'ai même appris d'assez bonne part, que ce fust une des plus fortes raisons qu'on ait euës pour supprimer son Ouvrage; parce qu'il étoit écrit en François, & qu'il exhortoit dès le commencement les Dames à le lire, qui auroient après cela fait bien des questions aux Docteurs, sur lesquelles ils n'auroient pas pû les satisfaire. Le plus court chemin est que le P. Simon se taise là-dessus: aussi voyons-nous qu'il n'a pas donné au public la seconde Partie de son Histoire Critique sur le Nouveau Testament, qu'il avoit neanmoins promise. Je croi qu'il fait fort bien, pour ne s'attirer pas davantage d'affaires, & ne pas s'exposer à la fureur de ses Docteurs, dont il auroit eu plus de raison de mal parler, que de ceux de Geneve. Aussi Mr. Spanheim lui a-t-il reproché, qu'il ne l'avoit fait que par politique, & pour s'accommoder aux sentimens des siens.

Sorbonistes.

Il y a encore une autre chose à la fin du Chap. XIII. de ce second Livre, laquelle ne pourra pas aussi être approuvée des Docteurs de Sorbone; savoir, *Qu'il reste encore beaucoup de choses à reformer dans la Vulgate.* Cela ne passera pas à la pluralité des voix, non plus que tout ce qui est rapporté en-suite au Chap. XIV. touchant le sens dans lequel la Vulgate a été declarée authentique par le Concile de Trente. *On appelle*, dit le P. Simon, *authentique la version de quelque Acte que ce soit, laquelle a été faite avec exactitude sur l'Original.* En ce sens-là, selon lui, les Versions des Protestans seront aussi authentiques, bien que le Concile de Trente les ait toutes rejettées. Je croi que c'est encore ici un trait de sa politique, quand il se déclare si fortement pour le Decret du Concile de Trente contre les Protestans, qu'il accuse d'avoir été ignorans ou malicieux. *On ne peut nier*, dit-il, *qu'il n'y ait eu bien de l'entêtement & de l'illusion dans l'esprit de ces Protestans qui n'ont pas voulu examiner avec application la pensée des Peres du Concile, dont on ne peut assez admirer la sage conduite qu'ils ont tenuë en faisant justice à tout le monde.* Le P. Simon avec toute son habileté pourroit-il nous persuader, que dans ce Concile on a rendu justice aux Protestans, en autorisant la seule Vulgate, pour détruire leurs Versions, qui doivent être plus authentiques, puis qu'elles sont plus conformes à l'Original Ebreu? Aussi toute l'authenticité qu'il donne à la Vulgate se réduit-elle à une authenticité politique, savoir au bien de la paix, *Nous devons*, dit-il, *pour le bien de la paix ne reconnoître point d'autre Version de la Bible dans l'usage public, que celle que l'Eglise nous propose.* Je croi que c'est aussi pour le bien de la paix, qu'il dit à la fin de sa Réponse à Mr. Spanheim, qu'il a fait voeu de ne lire plus de Rabbins, & de n'écrire jamais sur la Bible. Mais s'il est vrai, comme bien des gens l'assûrent, qu'il soit l'Auteur du projet d'une nouvelle Polyglotte, dont on parle fort dans le monde, il n'a pas tenu son voeu. Apparemment qu'il s'en sera fait relever à Rome. Cette nouvelle Polyglotte ne peut être que très-utile à tout le monde, parce qu'on a besoin d'une Bible qui nous les représente toutes, sans se fatiguer à chercher dans tant de Livres; & ce que j'y approuve le plus, c'est qu'on y verra ces fragmens des anciennes Versions Grecques joints avec le Texte, sans qu'il soit besoin de les aller chercher dans le sixiéme Tome de la Polyglotte d'Angleterre. Je suis persuadé qu'une Polyglotte de cette façon servira merveilleusement à faire voir, que de tous les Textes de la Bible qui nous restent, nous n'avons rien de meilleur que le Texte Ebreu que les Protestans ont suivi exactement. C'est ce que nous attendrons avec bien de l'impatience.

Ce qui est rapporté au Chap. XV. touchant les Versions Syriaques me paroit juste & d'une grande érudition. Il y a même une chose qui favorise encore les nouvelles Versions des Protestans sur l'Ebreu, savoir cette ancienne Version Syriaque faite sur l'Ebreu, & qui est encore en úsage parmi les Syriens: ce qui est une preuve manifeste, que toute l'Eglise ancienne n'est pas tellement convenuë de ne recevoir que la Version des Septante, qu'il n'y ait eu quelques Eglises qui se sont conformées à l'Ebreu. Je sai que Mr. Vossius prétend que la Version Syriaque sur l'Ebreu qui est imprimée dans les Polyglottes de Paris & d'Angleterre, n'a pas plus de six cens ans, & que ce n'est point celle que Theodoret & les autres Peres ont citée. Mais le P. Simon a fait voir le contraire dans sa derniere Réponse à Mr. Vossius. Comme l'Auteur du projet de la nouvelle Bible Polyglotte promet de nous donner des extraits de cette ancienne Version en Grec & en Syriaque, cela sera d'une grande utilité pour autoriser le Texte Ebreu de la Massore, auquel cette ancienne Version Syriaque est entierement conforme.

Mr. Vossius.

Il y a de-plus dans ce même Chapitre une remarque curieuse touchant les réformations que les Missionaires de Rome ont introduites dans les Missels & autres Livres d'Office des Syriens. Cependant le P. Simon nous assûre qu'on n'a point touché à leurs Bibles, qui demeurent toûjours les mêmes. Qui peut nous assûrer de cela, puis qu'ils ont bien imprimé à Rome une Bible entiere Arabe sur la Vulgate? Ce qui ne paroit pas être d'un fort bon sens. Erasme a aussi prétendu, qu'on avoit

Missionaires de Rome.

Erasme.

avoit corrigé plusieurs Manuscrits Grecs du Nouveau Testament sur la Vulgate Latine. S'il est vrai que le P. Simon soit l'Auteur d'un petit Livre sur les Religions des nations du Levant, il ne paroit pas qu'il ait beaucoup d'estime de tous les Missionaires de Rome, dont il parle comme de gens qui n'ont point seu la veritable Theologie. Si cela est, il doit conclure par les mêmes raisons, qu'il n'y a gueres de Theologiens dans le monde. Car ce Livre qu'il prétend être conforme aux desseins de la Cour de Rome sous le Pape Urbain VIII. les combat tous également, & cela pour monstrer que les Catholiques Romains conviennent avec les Chrêtiens du Levant dans les articles pour lesquels les Protestans se sont separés. J'avoüe qu'il y a de l'esprit & un grand fond de Theologie dans ce petit Ouvrage: mais je crains fort qu'il ne soit pas plus goûté de ceux de sa Communion, que l'a été son Histoire Critique du Vieux Testament, parce qu'il y établit des principes opposés à des maximes reçûës dans toute son Eglise, où il n'est pas permis de soumettre à la révision les décisions des Conciles Generaux.

Il paroit du Chapitre XVI. qui traite des autres Versions du Levant, que tous ces peuples ont fait la même chose que les Protestans à l'égard des Versions de l'Ecriture en Langue vulgaire. Car s'il est vrai que les Syriens & les Cophtes ont traduit leurs Versions Syriaques & Cophtes en Arabe leur Langue maternelle; pourquoi ne voudra-t-on pas aussi que les Protestans ayent fait de nôtre temps des Versions en Langue vulgaire, puisqu'on ne parle plus dans l'Occident la Langue Latine? Cela même est conforme au principe que le P. Simon a établi dès le commencement de ce second Livre de sa Critique, où il assûre que l'Ecriture ayant été donnée au peuple pour l'instruire, elle a été donnée dans une Langue entenduë de tout le monde. Je veux croire aussi ce qu'il rapporte dans ce même Chapitre des Bibles Armeniennes qui ont été imprimées sur de bons Manuscrits par les soins de l'Evêque Uscan: & ce qui me confirme dans cette pensée, c'est que ces Armeniens qui étoient à Marseille, ont eu un procès par devant l'Intendant du lieu, & en-suite au Conseil du Roi, pour avoir imprimé leurs Livres de trop bonne foi: & ils ont été soumis à la révision d'un Armenien Latinisé, que la Cour de Rome avoit envoyé exprès à Marseille pour cela. Je sai que la Cour de Rome n'a aucune jurisdiction en France: mais les Prelats qui ont toûjours besoin de cette Cour, ne s'y opposent pas ouvertement. C'est pourquoi les Livres Armeniens qui ont été imprimés à Marseille doivent estre fort suspects. *Armeniens.*

Le P. Simon traite dans le Chapitre XVII. & dans les suivans des Versions & des Paraphrases que les Juifs, soit Rabbanistes ou Caraïtes, & même les Samaritains ont fait pour leur usage: d'où je tire une preuve convaincante pour autoriser les Versions des Protestans en Langue vulgaire. Car pour commencer par les Samaritains, ils ont une Paraphrase *Samaritains.*

en langage Samaritain, qui est presque le même que le Chaldaïque; une autre en Langue Grecque pour ceux qui ont parlé Grec; & enfin une en Arabe dont ils se servent aujourdhui. Les Juifs n'ont aussi fait des Versions ou Paraphrases en Chaldéen, que parce qu'ils parloient alors le Chaldeen. En un mot, le P. Simon fait un long détail de toutes les Bibles en Langue vulgaire à l'usage des Juifs de differentes nations; & cette grande conformité de tous les Juifs du monde avec les Protestans sur cette matiere, est un argument évident pour montrer qu'ils ont eu raison de faire de nouvelles Versions.

Enfin le P. Simon passe après cela aux Traductions nouvelles faites sur l'Ebreu, & il parle premierement de celles qui ont été composées par des Catholiques Romains. Mais à dire le vrai, il n'en estime pas une, parce qu'il a eu dessein d'en donner une de sa façon & selon les regles de sa Critique, pour opposer aux Traductions des Protestans, comme si jusqu'à-présent ils n'avoient pas eu de veritable parole de Dieu. En ce cas-là Monsieur Spanheim a eu raison de l'appeller le nouvel Esdras de nos jours, & le restaurateur des Livres Sacrés. En attendant cela, il sera toûjours permis aux Protestans de se servir de leurs Versions. Je ne prens aucune part aux sentimens qu'il a de toutes ces Traductions, parce que cela ne regarde nullement les Protestans, si ce n'est que ces Auteurs Catholiques Romains sont d'accord avec ces mêmes Protestans sur le fait des Versions de l'Ecriture, que l'on doit faire sur l'Ebreu, & non pas sur la Vulgate. C'est au-moins le sentiment de deux grands hommes de son Eglise, je veux dire Pagnin & le Cardinal Cajetan, tous deux Religieux Dominicains. Je voi même que présentement les Dominicains ou Jacobins en France ne paroissent pas si entêtés de la Vulgate, comme les Franciscains ou Cordeliers. Ce qui a paru depuis peu dans les disputes qu'ont euës là-dessus le P. Alexandre Jacobin & le P. Frassen Cordelier. Ce dernier maintient la Vulgate avec excès; au-lieu que le P. Alexandre n'a fait aucune difficulté de publier un Livre là-dessus pour détruire le sentiment de son adversaire. Les raisons du P. Alexandre l'emportent assûrément sur celles du P. Frassen, qui ne se soutient pas même dans ses principes, parce qu'il avoit une mauvaise cause à défendre. Tous deux sont Docteurs de Sorbone & maîtres Moines dans leurs Couvents de Paris.

Mr. Spanheim.

Dominicains.

Franciscains.

Ayant voulu m'éclaircir sur les differens sentimens de ces deux Communautés Religieuses, un habile homme me dit que si le Pape Sixte V. qui avoit réformé la Vulgate, avoit été Jacobin, les Cordeliers seroient d'un sentiment contraire, qui ne s'étoient jettés dans des opinions bizarres sur la Vulgate, que pour favoriser la Bulle de Sixte V. qui avoit été de leur Ordre; que ce fut aussi pour cette raison, que ce Pape garda au Chapitre 3. de la Genese, vers. 15. la leçon *ipsa conteret*, qu'on devoit réformer, & lire *ipse conteret* selon même d'anciens Manuscrits Latins: mais la leçon *ipsa* favo-

favorisoit la Vierge, dont les Cordeliers défendoient si chaudement l'immaculée conception contre les Jacobins. Ce que je trouve fort vraisemblable; parce que l'esprit des Moines est rempli de préjugés & de partialités. Je sai au-reste bon gré au P. Simon, d'avoir défendu le Cardinal Cajetan contre Prateole, qui l'a voulu faire passer pour un Heretique; & même de le justifier entierement. On ne peut pourtant nier, qu'il n'ait préferé en beaucoup de choses qui regardent l'Ecriture, les sentimens des Protestans à ceux de ses Theologiens. Comme il étoit homme d'un grand esprit, il vit bientost que les Protestans avoient raison en beaucoup de choses, sur lesquelles les Theologiens de ce temps-là qui ne savoient rien des belles Lettres ni de la Critique, les chicanoient mal-à-propos. Enfin c'est un avantage pour nous, qu'un grand Cardinal & si zelé pour les interests de la Cour de Rome, ait prononcé librement qu'on ne pouvoit pas dire qu'on eust veritablement la parole de Dieu, si on ne traduisoit à la lettre le Texte Ebreu.

Cajetan.

Pour ce qui est des Versions de l'Ecriture composées par les Protestans, le P. Simon en dit tantost du bien, & tantost du mal; & cela par rapport à l'idée qu'il s'est formée d'une nouvelle Traduction. Il reprend les Auteurs de toutes ces Versions, de s'être trop attaché aux nouveaux Rabbins. Ce qui n'est pas un grand mal, si ces nouveaux Rabbins ont bien entendu l'Ebreu, comme on ne le peut nier de ceux qui ont fait toute leur étude de cette Langue. Il en veut un peu trop aux Docteurs de Geneve, qu'il accuse de s'être opposés avec trop de violence à la Version de Sebastien Castalio. Mais ce ne peut pas être un grand mal, puis que plusieurs Docteurs Catholiques Romains ont aussi attaqué cette Version avec la même force; & même deux Professeurs en la Langue Ebraïque, je veux dire Genebrard & Isaac Levita. Ce qui justifie Beze, que le P. Simon dit avoir eu tort de reprendre Castalio, puis qu'il ne savoit point l'Ebreu. Il avoit au-moins pour lui de bons juges, & nullement suspects de s'entendre là-dessus avec les Docteurs de Geneve.

Castalio.

Au-reste, le P. Simon a fait plaisir au public, en nous rapportant fidelement ce qui se passa dans le procès de Robert Estienne avec les Theologiens de Paris, qui ne lui rendirent pas justice. On voit deplus dans tout ce procedé, que ces Theologiens étoient en ce temps-là bien ignorans en fait d'Ecriture Sainte. Je croi même que si le P. Simon donnoit l'Histoire de ce qui s'est passé sur son affaire avec ces mêmes Theologiens, il nous apprendroit bien des choses qui les convaincroient aussi d'une grande ignorance. Mais il en veut trop aux Docteurs de Geneve, pour nous communiquer cette Histoire.

Rob. Estienne.

Le P. Simon finit son Histoire des Versions de l'Ecriture par celles qui ont été composées en Langue vulgaire tant par les Catholiques Romains, que par les Protestans. Il a de la peine à nous dire son sentiment touchant ces sortes de Versions,

sions, & il agit en cela, aussi-bien que sur l'authenticité de la Vulgate, plutost en politique qu'en Critique, prétendant que dans ces derniers siecles où les nouvelles heresies n'ont point de respect pour les Traditions, il faut bien se précautionner; demeurant pourtant d'accord que l'Eglise ne les a jamais défenduës entierement, & même qu'avant la naissance des Protestans, il y avoit des Versions de l'Ecriture en Langue vulgaire. Ce sentiment, quoi que mitigé, ne laisse pas d'être favorable aux Protestans, qui ne reglent pas les choses selon le temps, mais selon la verité. Ce n'est pas aux hommes à donner des bornes à la parole de Dieu selon des veuës politiques, & telles que le P. Simon nous les propose ici, ayant plus d'égard en cela aux maximes de la Cour de Rome, dont il paroit quelquefois préoccupé, qu'aux maximes de l'Evangile. Il raisonne plus juste & en veritable Critique, quand il paroit avoir du mépris pour les Traductions en Langue vulgaire qui ont été faites sur le Latin de la Vulgate, parce qu'il y a dans le Latin quantité de mots obscurs & équivoques, qu'on ne peut bien traduire qu'en ayant recours aux Originaux. On pourroit même justifier cette réflexion par les nouvelles Traductions de Port-Royal, qui ne sont pas exemptes de ces fautes, bien que les Auteurs ayent consulté des Traductions Latines faites sur l'Ebreu : mais ce n'est pas assez, parce qu'il faut pour faire une bonne Version, entendre les Langues dans lesquelles sont écrites les Originaux. Ce qui a manqué assûrément aux Traducteurs de Port-Royal. *Port-Royal.*

Je laisse aux Protestans d'Allemagne à prendre la défense de Luther, que le P. Simon fait passer pour un homme peu exact dans ses jugemens, & qui n'étoit nullement capable de faire une Version de la Bible, n'ayant pas une assez grande connoissance de la Langue Ebraïque, & étant trop rempli de préjugés. De quelque côté que les Protestans se tournent, ils ne sont jamais du goût du P. Simon. Les uns, selon lui, ont trop suivi les Rabbins & les nouveaux Grammairiens. Luther au-contraire, qui a combattu les Rabbins & les Grammairiens, ne savoit pas assez l'Ebreu, & il étoit trop attaché à ses préjugés. En un mot, il n'y a pas un Protestant qui ait reüssi dans sa Traduction. Cela veut dire que le Pere a dessein par là d'autoriser celle qu'il nous veut donner, à laquelle les Critiques Protestans ne manqueront pas de trouver à redire à leur tour. *Luther.*

Il en veut sur tout à la Version de Diodati Ministre de Geneve; & pour faire voir qu'elle n'est pas d'un homme savant & de bon sens, c'est qu'elle a été composée par un Theologien Prédicateur, comme si les Theologiens & les Prédicateurs n'étoient pas propres pour traduire les Livres Sacrés. Je ne sai donc à qui on s'en rapportera, puis qu'il blâme aussi les Grammairiens. Le plus grand défaut de Diodati, c'est que ses expressions sont trop claires, & partant ne gardent pas le caractere de l'Ecriture, qui est obscure. Mais un Traducteur n'interpréte un Livre que *Diodati.*

que pour le faire entendre. Ainsi on ne doit pas blâmer en lui qu'il s'explique avec netteté, comme le Nouveau Testament François de Messieurs de Port-Royal est aussi fort net & fort intelligible. Quand il parle au même endroit des notes de cet Auteur, il ne garde pas les regles de la moderation dans sa Critique, comme Monsieur Spanheim lui a reproché judicieusement. Il témoigne même trop de passion contre les Docteurs de Geneve, dont il dit au même endroit, *Que la plus-part de ces Docteurs ne sont point capables de faire de bonnes notes sur le Texte de l'Ecriture, parce qu'étant accoutumés à débiter en chaire leurs leçons de Theologie & de Morale, ils en remplissent leurs Livres.* Mais je voudrois bien que le P. Simon nous eust donné quelque Auteur de sa Communion qui eust mieux reüssi sur cette matiere, que Diodati. Je m'assûre qu'il ne nous donnera pas pour exemple Messieurs de Port-Royal, qui débitent bien plus de morale que Diodati. Il est vrai qu'ils la tirent souvent des Peres : mais si nous nous en rapportons au P. Simon, leurs remarques n'en sont pas pour cela meilleures ni plus judicieuses. Je ne doute nullement qu'il ne les ait voulu noter dans sa Préface, quand il dit fort librement. *Nous voyons aujourdhui des personnes savantes qui se contentent de receuillir tout ce qu'ils trouvent dans les Livres des Peres sur l'Ecriture, comme si les Peres avoient mieux reüssi que les autres Interpretes de la Bible.* C'est pour cette raison que dans le Memoire instructif on lui a reproché de détruire l'autorité des Peres. La réponse qu'il fait dans ce même Memoire, qu'il ne s'agit pas en ces endroits-là de ce qui appartient à la foi, & qu'ainsi il est libre de se départir d'eux, quand leurs explications ne sont pas si literales que celles des nouveaux Interpretes, me paroit, à-la-verité, bien fondée: mais on n'y a point eu égard; parce que les Theologiens Romains croyent qu'il faut avoir du respect pour tout ce qu'ont dit les Peres, & qu'il ne le faut jamais rejetter. C'est même la méthode de la plus-part des Theologiens Scolastiques, qui aiment mieux apporter des distinctions qui sont le plus souvent ridicules, que de nier absolument le témoignage d'un Pere. Ce sentiment neanmoins du P. Simon, tout libre qu'il paroit à ceux de sa Communion, est autorisé par ceux de la Cour de Rome, qui prétendent qu'on doit avoir égard aux seules décisions des Papes, sans se mettre fort en peine de ce que les Peres ont dit. Il y a quelques années que dans Paris même un Religieux Theatin Italien de nation donna des marques évidentes de cela dans une assemblée considerable, & en la présence du Nonce du Pape & de plusieurs Prelats de France qui assistoient à une dispute publique. Le P. Baron Religieux Dominicain qui argumentoit contre la These du Theatin, lui ayant opposé les témoignages de plusieurs Peres qui étoient manifestement contraires à la These, ne s'avisa pas d'avoir recours aux distinctions chimeriques des Sorbonistes; mais en se mocquant de ce long tissu d'autorités, répondit, Pour ce

Port-Royal.

Memoire instructif.

Cour de Rome.

ce qui eſt de l'autorité des Peres, je n'ai autre choſe à vous dire ſinon, *Omnes ſancti Patres orate pro nobis.* Cette réponſe ſcandaliſa toute l'aſſemblée, où il y avoit un grand nombre de Docteurs qui prirent le parti des Peres. Mais Monſieur le Nonce Roberti prit hautement le parti du Religieux Theatin, & fit voir qu'à la Cour de Rome on ne faiſoit pas grand fond ſur leur autorité, mais ſeulement ſur celle du Pape. Il y a bien de l'apparence que le P. Simon qui a ſi fortement appuyé les Traditions ſelon les principes de cette Cour, ne ſe ſera pas auſſi mis beaucoup en peine des Peres ſelon ces mêmes principes; & c'eſt ce qui lui a attiré en partie le jugement que quelques Theologiens de Paris ont fait de ſon Livre, & ſur tout ceux de Port-Royal à qui on le donna à examiner, qui virent bientoſt que l'Auteur de la nouvelle Critique les attaquoit. Nous autres Proteſtans, qui ne ſommes pas remplis de ces prejugés, croyons que le P. Simon a eu raiſon en cela, & nous en inferons en même temps contre lui, qu'il a eu tort de nous reprocher que les remarques des nôtres ſur l'Ecriture ſont remplies de choſes inutiles; puis que c'eſt là proprement le caractere des Catholiques Romains, qui rempliſſent leurs Livres de remarques éloignées du ſujet, & qui croyent parler à propos, quand ils couſent enſemble des paſſages de Peres qui ne font rien au ſujet.

Port-Royal.

Il examine en-ſuite la principale Bible Françoiſe des Réformés de Geneve compoſée par Robert Olivetan. Il en louë, à-la-verité, la méthode, parce qu'elle s'accommode à ſes préjugés: mais il blâme l'Auteur d'avoir entrepris un Ouvrage de cette conſequence ſans avoir ſeu l'Ebreu. Cependant tous nos Auteurs demeurent d'accord, qu'Olivetan a ſeu l'Ebreu. Il eſt bien vrai qu'il n'étoit pas ſavant dans les Rabbins: mais il ſuffiſoit pour ſon deſſein, qu'il euſt la connoiſſance de la Langue Ebraïque; & Calvin qui retoucha ſa Verſion, l'accuſe ſeulement de n'avoir pas été aſſez poli dans la Langue Françoiſe. Mais ſi nous en croyons le P. Simon, Calvin ne ſavoit pas auſſi l'Ebreu; bien que ſes Ouvrages ſur l'Ecriture montrent évidemment le contraire: & comme il n'a eu autre deſſein dans tout ce diſcours, que de s'oppoſer aux diverſes éditions de la Bible de Geneve, il prétend au-contraire que la troiſiéme révision qui en a été faite aprês Calvin n'eſt pas bonne, parce qu'elle eſt trop grammaticale & trop attachée aux nouveaux Rabbins. C'eſt un peché, ſelon lui, dans les Bibles d'Olivetan & de Calvin, de ce que ces deux Auteurs n'ont pas ſeu l'Ebreu, & c'eſt un autre peché dans la derniere révision, de ce que les Auteurs de cette révision l'ont ſeu, & de ce qu'ils s'y ſont trop attachés. A quoi donc s'en tenir? Apparemment à la nouvelle Verſion, que le P. Simon donnera au public ſelon ſon nouveau projet, & à laquelle il voudra ſoumettre tous les Proteſtans qui ont ou trop ou trop peu ſeu l'Ebreu. Il n'y a que lui qui a la veritable meſure ſur laquelle on doit ſe regler pour faire une Verſion juſte & ſans défaut. Mais je crains que les

Olivetan.

Calvin.

les Protestans n'y trouvent à leur tour trop des Septante & trop du St. Jerôme, & peut être trop d'une nouvelle Grammaire de son invention, & même d'un nouveau Dictionnaire qui sera aussi de sa façon. Il reproche au même endroit aux Docteurs de Geneve leur entêtement, pour avoir traduit plûtot selon les préjugés de leur doctrine, que selon la Langue Ebraïque. Mais il semble que le P. Simon n'est pas exempt de ces préjugés, puis que dans sa nouvelle Traduction de l'Ecriture il ne veut s'assujettir à aucunes regles, mais suivre seulement celles qu'il établira selon les regles de sa Critique.

Desmarets. Il fait aussi paroître trop de délicatesse dans la Critique qu'il fait de la Bible de Desmarets : car il est constant que cet Ouvrage est rempli de fort bonnes remarques. Tout son défaut est d'en avoir mis un trop grand nombre. Ainsi il ne peche que pour n'avoir rien voulu oublier. Si son stile n'est pas du goût du P. Simon, ce n'est pas un grand malheur ; car si l'on suit les regles de sa Critique, on ne trouvera pas un Auteur qui soit à son goust. Au-reste, il fait bien de l'honneur à ces Docteurs de Geneve pour qui il a témoigné tant de mépris, quand il leur associe René Benoist Theologien de Paris, dont la Version n'est autre chose, dit-il, que celle de Geneve retouchée seulement en quelques endroits. *René Benoist.* Ce Docteur avoit assûrément plus d'estime de ceux de Geneve que le P. Simon n'en a, puis qu'il crût ne pouvoir donner une meilleure Bible au public que la leur, qu'il voulut seulement déguiser un peu, & mettre son nom à la teste en la place de celui de Geneve. Mais il en usa, dit le Pere, trop grossierement: *S'il eust eu un peu plus d'adressi, il auroit sans doute passé pour un habile Traducteur de l'Ecriture, aussi-bien que plusieurs autres qui n'ont pas eu une connoissance plus étenduë des Langues saintes que ce Docteur, & qui cependant ont été fort estimés.* Je ne sai pas de qui il veut ici parler : mais on m'a assûré que la Version du N. Testament par Messieurs de Port-Royal avoit été faite à peu près de la même façon; *Port-Royal.* qu'on s'y étoit fort servi de nôtre Version de Geneve & des notes de Grotius. Ce qui étoit la cause qu'on avoit fait plutost une Paraphrase qu'une Traduction juste : & afin de déguiser l'Ouvrage avec plus d'adresse que n'avoit fait le Docteur René Benoist, on y avoit traduit quelques endroits selon les préjugés de l'Eglise Romaine ; & sur le tout Monsieur Arnaud qui étoit le principal conducteur de la piece, a répandu son Saint Augustin qui l'accompagne par tout. *Mr. Arnaud.* Monsieur de Sassi, qui étoit l'Aaron & la parole de Mr. Arnaud, a ajusté les mots & les periodes à sa maniere. *Mr. de Sassi.* Pour ce qui a été de consulter les Originaux, on ne s'en est pas mis beaucoup en peine. En-effet, cela étoit assez inutile, parce que la Version de Geneve a été faite sur le Grec, & Grotius servoit de guide pour le sens, si ce n'est dans les endroits où il s'agissoit de doctrine; car alors on consultoit St. Augustin. Ce sont ces Messieurs-là que le P. Simon doit appeller entêtés, plutost que ceux de Geneve, qui ont veritablement suivi les Originaux de l'Ecriture sans aucuns préjugés.

Le Pere passe après cela à la troisiéme & derniere Partie de sa Critique, où il traite des Auteurs qui ont écrit sur la Bible, & dont il donne son jugement avec beaucoup de liberté. Ce qui n'a pas plû à bien des gens de sa Communion, sur tout quand il parle des Peres : aussi dit-il pour prévenir ceux qui liront son Ouvrage, qu'il en parle en Critique, & non pas en Theologien. Mais comme les Theologiens Romains ne savent ce que c'est que Critique, ils n'ont pas approuvé cette distinction ; car de quelque maniere qu'on parle, il est toûjours certain qu'on fait par cette voye le procès aux Peres. Ce qui a encore moins plû à ces Theologiens de sa Communion, c'est ce projet d'une nouvelle Version de l'Ecriture, qu'il a mis à la tête de son troisiéme Livre, qui paroit, à-la-verité, d'un grand sens: mais les siens ont trouvé qu'il y avoit de la temerité à un particulier, de parler de faire une nouvelle Version, après que la Vulgate a été déclarée authentique par le Concile de Trente. Il a eu beau dire, que sa nouvelle Version n'étoit que l'idée critique d'un particulier, & que cela ne nuisoit en rien à la Version reçûë & autorisée dans l'Eglise; on ne l'a point écouté, mais on a rejétté ce projet comme une nouveauté. Les Protestans ne sont pas du même avis, & ils estiment ce projet, qu'ils trouvent grand & digne d'un Critique : mais ils craignent, & avec raison, que le P. Simon qui reçoit le Texte Ebreu modifié par les anciennes Versions, ne leur donne un Ebreu de sa façon. Ils craignent de-plus qu'il n'étende d'une nouvelle maniere la signification des mots Ebreux sur les anciennes Versions de la Bible, & qu'il n'approuve jusqu'à leurs défauts. Du-reste, son projet est excellent & très utile, pourveu qu'on le suive sans s'émanciper. J'aurois seulement souhaité, qu'il n'eust pas si fort exaggeré la difficulté qu'il y a à traduire ses Livres Sacrés, à-cause de l'obscurité des mots Ebreux : car il paroit manifestement, qu'il n'a eu autre dessein dans tout ce projet, que d'établir la Tradition, & de montrer que quelque exactitude qu'on garde pour traduire la Bible, on n'en viendra jamais à-bout. En ce cas-là je lui conseillerois de n'aller pas plus avant : car s'il croit que la Tradition suffit, à quoi bon se fatiguer inutilement à faire une nouvelle Traduction de l'Ecriture ? Je croi que c'est le meilleur parti qu'il peut prendre : car assûrément sa nouvelle Version fera encore plus de bruit dans son Eglise, que son Histoire Critique. On trouve que la Vulgate suffit sans autre Traduction, & tous ces faiseurs de nouvelles Versions n'y sont pas bien reçûs, si ce n'est pour opposer à celles des Protestans : car c'est sur ce pied-là qu'on a fait la Version Françoise de Louvain, & l'Angloise de Rheims. Mais alors on ne parle point d'Ebreu ni du Grec : mais on suit simplement la Vulgate. Ce qui est bien éloigné du projet du P. Simon, qui veut tout refondre à sa maniere, & suivre plûtost les regles de sa Critique, que la Version de Saint Jerôme.

Il explique en-suite les differentes manieres dont les Juifs se servent dans leurs Commentaires pour l'interprétation de l'Ecriture : en quoi

Aben Esra. il suit le jugement qu'en fait Aben Esra, qui est de préferer le sens literal à tous les autres. Cette voye est assûrément la plus seure: mais souvent ce sens literal des Juifs est modifié par les Traditions de leurs Peres, qui ruinent quelquefois le sens literal de l'Ecriture. Il est à craindre que le P. Simon ne veuille soumettre les Protestans à recevoir de semblables explications literales de son Eglise: car il approuve en toutes choses le sentiment d'Aben Esra, qui est, à-la-verité, un des plus judicieux Interpretes des Juifs: mais il ne laisse pas d'être aussi préoccupé de plusieurs préjugés. Il a même fait un petit Traité intitulé *Jesud Mora*, où il appuye les Traditions & les explications du Talmud.

R. Moïse. Le P. Simon examine de-plus les regles que R. Moïse surnommé Maimonides propose pour bien interpréter les Livres Sacrés. Sa Critique me paroit judicieuse, en ce qu'il reprend ce Rabbin d'être trop Metaphysicien, & d'avoir fait un mélange de la Philosophie d'Aristote & de l'Ecriture. Si cela est un mal, il faut en même temps condamner la plus-part des Theologiens de l'Eglise Romaine, qui ne sont pas moins entêtés d'Aristote, que R. Moïse a été entesté des Philosophes Arabes qui ont suivi Aristote. Comme le P. Simon n'a eu en tête dans toute sa Critique, que d'obliger les Protestans de recourir à la Tradition, il établit ici pour maxime, qu'on ne peut savoir la signification propre de plusieurs mots Ebreux, si on ne connoit auparavant la matiere dont il est traité. Puis il ajoûte: *Ce qui dépend beaucoup des idées que nous avons des choses par le moyen de la Theologie; & partant il est impossible d'expliquer l'Ecriture, que par rapport aux notions que la Tradition nous a données de la Religion.* Pourra-t-il après cela dire que nous interprétons l'Ecriture par rapport à nos préjugés, puis qu'il veut lui-même que pour expliquer les mots Ebreux qui ont plusieurs significations, on ait recours à la Theologie & à la Tradition? Chacun formera une Version à sa maniere sur les principes de sa Theologie; & c'est même le défaut qu'il reprend dans la Version de Luther, qu'il prétend avoir fait des principes nouveaux de Theologie; sur lesquels il a accommodé sa Traduction de l'Ecriture.

L'Histoire que le P. Simon ajoûte en ce même endroit des Commentaires des Rabbins sur l'Ecriture, est curieuse: mais je ne la croi pas fort utile, principalement pour les Theologiens de sa Communion, qui ne sont gueres en état de les lire, n'en ayant pas la capacité. C'est aussi pour la même raison qu'il pouvoit facilement omettre la question qu'il fait dans le Chapitre VII. de cette troisiéme Partie de sa Critique, savoir si l'on doit permettre la lecture des Rabbins. On défend, à-la-verité, dans son Eglise la lecture des Livres composés par les Protestans; mais on ne s'y avise gueres, sur tout en France, d'y défendre les Rabbins, qu'on n'y entend point. Aussi nous marque-t-il que cette question a été seulement agitée en Espagne, où il y avoit plusieurs Juifs cachés. Il rapporte les raisons de Mariana savant Jesuïte Espagnol, qui décide en faveur des Rabbins & du grand avantage Rabbins. Mariana.

tage qu'on peut tirer de leurs Livres. Le P. Simon modifie neanmoins la pensée de ce Jesuïte, comme s'il avoit trop donné à l'autorité des Rabbins. Je m'en rapporterois neanmoins plûtost au jugement de Mariana, qu'à celui de Ribera aussi Jesuïte Espagnol, dont le P. Simon ne nous a rien dit. Ce Jesuïte, qui étoit plus savant dans l'étude des Peres que dans celle des Rabbins, rejette ces derniers entierement comme n'ayant que des fables, & étant tout-à-fait ignorans. *Nullum unquam Scriptorum genus*, dit-il parlant d'eux, *videas indoctius, nullum nugarum & fabularum appetentius. Ab omnium disciplinarum genere ferè abhorrent. Historiæ ignari sunt, linguæ ipsius Hebraicæ, in qua intolerantissimè gloriantur, proprietatem & vocabula quamplurima ignorant.* Il fait en-suite mention d'un arrest de l'Inquisition d'Espagne prononcé contre les Livres des Rabbins avec justice, & il loue comme une chose qui étoit arrivée par la providence de Dieu. Et à l'objection qu'on faisoit, qu'il y avoit dans les Rabbins quelque chose d'utile, il repond, *Neque ignoro quidem, in Hebrais Magistris esse quæ prosint; sed tot sunt inter illa quæ noceant, ut abjicienda censeam etiam utilia, ne legantur noxia.* Voilà deux grands Jesuïtes fort opposés sur le fait des Rabbins, dont l'un défere entierement au Tribunal de l'Inquisition, à qui il donne le nom de *Sacer fidei Senatus*; au-lieu que Mariana n'y a aucun égard. Le P. Simon tient le milieu à son ordinaire entre ces deux Jesuïtes; & comme il en parle avec connoissance de fait, je suivrois volontiers son sentiment, si ce n'est qu'il n'a eu autre dessein en décreditant les nouvelles Grammaires des Rabbins, que de décrediter en même temps les Versions de quelques Protestans, lesquelles, selon lui, sont trop Rabbiniques.

Riber. Proœm. in Sophon.

Les Peres viennent à leur rang après les Rabbins dans l'Histoire Critique, où l'on produit plusieurs belles regles que St. Augustin a publiées pour l'explication des Livres Sacrés. Le P. Simon avouë que ces regles sont très-bonnes, & que St. Augustin les a recueillies fort judicieusement: mais aussi ajoûte-t-il avec sa liberté ordinaire, que St. Augustin n'a pas eu toute la capacité necessaire pour les mettre en execution. Il y a bien de l'apparence qu'il a voulu noter par là les Protestans, qui ont préferé les Ecrits de ce Pere à tous les autres, & qui ont beaucoup pris de lui; de-sorte qu'on ne peut pas les traiter de novateurs, à-moins qu'on n'accuse aussi Saint Augustin de nouveauté. Ce que je ne puis souffrir dans ce discours du P. Simon, c'est qu'il affecte de prouver par l'autorité de St. Augustin, que *la lecture de l'Ecriture Sainte n'est pas absolument necessaire à un Chrêtien*; au-lieu que St. Augustin ne parle en cet endroit-là que de ceux qui vivoient dans les solitudes destitués de ce secours.

St. Augustin.

Je m'en rapporterai aisément aux portraits que le P. Simon fait ici de chaque Pere en particulier, parce qu'il ne paroit pas préoccupé là-dessus, si ce n'est en faveur de St. Jerôme contre St. Augustin. Je veux que le premier ait été plus savant, & qu'il ait eu un plus grand fond de literatu-

re

re dans tout ce qui appartient à la Critique: mais aussi d'autre part il n'a pas eu une si grande étenduë d'esprit, ni un jugement si solide pour établir un dogme. Nous voyons même que plusieurs Conciles s'en sont entierement rapportés au sentiment de St. Augustin sur des matieres très-difficiles, & où il étoit question de penetrer le sens de St. Paul, qu'aucun des Peres n'a si bien penetré que lui. Mais le P. Simon qui s'éloigne toûjours des Protestans, ayant reconnu que St. Augustin leur étoit souvent favorable, a pris à tâche de le décrier par des voyes indirectes, n'ayant pas osé le faire ouvertement. Il ne louë St. Jerôme que pour blâmer St. Augustin qui s'étoit opposé à lui; & dans les disputes que ces deux Peres eurent ensemble il donne tout l'avantage à St. Jerôme, parce qu'il s'appuye sur une prétenduë Tradition de tous les Docteurs qui l'avoient precedé. *Si igitur*, dit-il en parlant à St. Augustin, *me reprehendis errantem*, *patere me, quæso, errare cum talibus.* Mais St. Augustin ne consultoit pas tant en cela le sentiment de ceux qui l'avoient precedé, que l'Ecriture en elle-même qu'il trouva lui être favorable. Ce qui appuye les principes de la Religion des Protestans, qui ne reçoivent les témoignages des Peres, qu'autant qu'ils s'accordent avec cette Ecriture.

Il est vrai que le P. Simon reprend un Evêque de Mascon & grand Aumônier de France, d'avoir dit que St. Augustin *ne faisoit que rêver* dans ses explications de l'Ecriture Sainte, parce qu'il a ignoré les Langues dans lesquelles les Livres Sacrés ont été écrits: mais bien des gens ont crû, que c'étoit exprès que le P. Simon avoit repris ce grand Aumônier de France, pour lui faire dire une chose qu'il n'auroit pas osé avancer lui-même. Aussi les Peres Benedictins de Paris, qui ont donné au public une nouvelle édition de St. Augustin, ont-ils relevé cette injure qu'on lui faisoit, parce qu'il est certain qu'il a eu assez de connoissance de la Langue Grecque pour expliquer l'Ecriture Sainte, & il n'étoit pas tout-à-fait necessaire dans ce temps-là de savoir l'Ebreu, parce qu'on suivoit dans l'Eglise la Version Grecque des Septante.

Le P. Simon ne paroit pas aussi avoir eu raison, de relever si fort les Discours de Saint Augustin sur les Pseaumes; parce qu'ils n'ont pas été composés pour des Critiques comme lui, mais pour édifier & instruire le peuple des mysteres de nôtre Religion. Nous voyons même qu'on a traduit en François ces Discours, pour les mettre entre les mains des Prédicateurs de l'Eglise Romaine. Mais je n'ose pas fort insister là-dessus, parce que la Critique du P. Simon ne donne pas son approbation aux Prédicateurs, qu'il croit incapables d'interpréter l'Ecriture, parce qu'ils ont, selon lui, l'esprit rempli de moralités hors de propos: tant il est difficile de le contenter. Je sai neanmoins, que le P. Petau, le P. Morin, Mr. de Launoi Docteur de Sorbone, & quelques autres personnes savantes n'ont pas été plus favorables à St. Augustin que le P. Simon: mais il ne feroit pas judicieux d'opposer le sentiment bizarre de quelques particuliers qui ont voulu

Petau. Morin. De Launoi.

favoriser en cela les Jesuïtes, au sentiment d'un si grand nombre de Docteurs tant Romains que Protestans, qui donnent tout l'avantage à St. Augustin. Je ne prendrois pas parti dans cette querelle, si ce n'étoit pour faire voir, que le P. Simon qui affecte de paroître exempt de préjugés, n'en a pas été tout-à-fait exempt à l'égard de St. Augustin. Il est vrai qu'il suit l'opinion de St. Jerôme: mais tout le monde sait que St. Jerôme étoit souvent de mauvaise humeur, & qu'il jugeoit quelquefois des choses plutost selon son temperament que selon la verité.

Pour ce qui regarde les autres Peres, il semble que le P. Simon n'en tient compte; je veux dire de ceux qui ont vécu dans l'Eglise Latine: car voici ce qu'il en dit. *Parmi les Latins St. Jerôme & St. Augustin ont été les deux grands Auteurs des Peres qui ont écrit après eux sur la Bible.* Comme s'ils ne s'étoient pas servi de leur propre jugement & de leurs lumieres particulieres pour expliquer les Livres Sacrés, & qu'ils n'eussent ajoûté que des moralités nouvelles. Ce qu'il ne dit pas sans préoccupation, voulant nous persuader de son principe de la Tradition, qu'il répete au même endroit en parlant de St. Hilaire, où il dit que tous ces Peres étoient peu exacts dans ce qui regarde la Critique & le sens literal de la Bible, qu'on ne doit pas chercher dans leurs Commentaires, mais seulement la verité de la Religion. Mais comment se peut-il faire qu'on trouvera la verité de la Religion dans des Auteurs qu'il suppose avoir negligé le sens literal de l'Ecriture, qui est le fondement de cette Religion? Il faudra que le P. Simon ait recours à un autre principe, par lequel il établit la Religion independante de l'Ecriture; d'où l'on peut juger qu'il ne fait pas un pas qu'en veuë de faire recevoir aux Protestans des Traditions peu assûrées, & de les soumettre enfin à l'autorité de l'Eglise Romaine. C'est pourquoi il ajoûte peu après, *Qu'il y a eu de tout temps dans l'Eglise comme un abregé de la Religion independemment de l'Ecriture, sur lequel on doit regler tout ce qui s'y trouve d'obscur.* Voilà un abregé de la Religion qui résout en peu de mots bien des difficultés, & qui se trouve apparemment dans les Archives du Saint Pere de Rome, d'où on la tire quand il se présente des difficultés à éclaircir sur le fait de la Religion.

St. Hilaire.

Il reste quelques autres anciens Peres dont le P. Simon marque aussi le caractere fort librement, & j'ai appris de quelques Docteurs Catholiques Romains, qu'on n'avoit pas été seulement choqué de ce qu'il avoit dit de St. Augustin, mais aussi du portrait qu'il fait de St. Ambroise, qu'il dit avoir été *fecond en digressions & en érudition*, & que comme il savoit le Grec, il n'a presque fait que copier dans ses Homilies sur la creation du monde, Origene & St. Basile. Mais je trouve ces gens-là trop délicats: car il est constant que Saint Ambroise écrit en Orateur, & qu'il a imité les allegories d'Origene; ce qui ne paroit pas être un défaut à un Orateur Ecclesiastique de ces temps-là. Il est aussi à craindre, que les siens n'ayent trouvé à redire aux loüanges qu'il donne à Theodoret, parlant de lui comme d'un

St. Ambroise.

d'un homme qui a eu *un grand fond de Theologie, & une connoissance plus que mediocre du stile de l'Ecriture.* Puis il ajoute: *C'est celui de tous les Peres Grecs auquel on doive le plus s'attacher, si l'on veut se rendre savant dans la Bible.* Ce n'est pas là le stile ordinaire des Theologiens Romains, qui regardent Theodoret comme un Heretique. C'est de cette maniere-là que les Auteurs de la Préface de quelques Ouvrages de Theodoret imprimés à Rome, se défont du témoignage de ce Pere sur l'Eucharistie, où il appuye le sentiment des Protestans. Cette voye est sans doute plus courte & moins embarassée que celle de Mr. Arnaud dans son Livre de la Perpetuïté, où il se tourmente fort pour expliquer les paroles de Theodoret. Les Jesuïtes de Paris ont aussi publié l'année derniere une rapsodie sous le titre du Cinquiéme Tome des Ouvrages de Theodoret, où le P. Garnier le traite fort mal dans ses notes, & comme un fauteur d'Heretiques. Ce qui est bien éloigné de ce grand fond de Theologie que le P. Simon lui donne, à-moins qu'il ne dise que le P. Garnier, qui a professé si long-temps la Theologie dans Paris, n'étoit pas bon Theologien. Mais je croi que les Jesuïtes sont trop de ses amis pour avoir d'eux ce sentiment.

Theodoreti Operum Tom. 5.

Il vient après cela aux nouveaux Auteurs qui ont fait des Remarques ou des Commentaires sur l'Ecriture: mais comme il n'y a rien dans le jugement qu'il en fait qui regarde les Protestans, il seroit inutile de m'y arrêter. Je remarquerai seulement, qu'il ménage dans tout ce discours beaucoup plus les Jesuïtes que les autres Ecrivains, soit parce qu'ils sont ses amis, ou qu'il craignoit de se les rendre ennemis. Il traite cependant dans le Chapitre XII. une matiere fort délicate touchant le Decret du Concile de Trente, qui a déclaré qu'il n'étoit point permis d'expliquer l'Ecriture Sainte autrement que les Peres de l'Eglise quand ils s'accordoient dans leurs Interprétations. Il prétend que le Concile n'a condamné par ce Decret que *les Novateurs de ce temps-là, qui opposoient leurs nouvelles explications de l'Ecriture à la doctrine reçûë & approuvée dans toute l'Eglise.* Je sai que les gens de sa Communion ont aussi trouvé à redire à cette interprétation des paroles du Concile, qui n'a pas voulu seulement condamner les Protestans, mais aussi les Catholiques Romains, qui à l'avenir voudroient apporter de nouvelles explications de l'Ecriture en fait de Religion. L'exemple qu'il rapporte du Cardinal Cajetan ne peut pas lui être favorable, parce que plusieurs Theologiens ont condamné en cela ce Cardinal, comme un homme qui s'étoit, disoient-ils, gâté l'esprit par la lecture des Livres des Protestans, & l'ont fort blâmé de s'être approché de leur principe. Je m'étonne que le P. Simon, qui s'éloigne ordinairement dans sa Critique de ces Protestans, qu'il appelle entêtés, se reconcilie avec eux en prenant le parti du Cardinal Cajetan, & qu'il le défende même par l'autorité des anciens Peres: car voici ce qu'il en dit. *Il est vrai que la méthode du Cardinal Cajetan pour l'interprétation des Livres Sacrés paroit d'abord libre, & même peu respectueuse à l'égard des anciens Peres: mais*

Concile de Trente.

Cajetan.

mais si on l'examine avec application, on trouvera qu'il a suivi en cela les mêmes regles que St. Augustin dans ses Livres de la Doctrine Chrêtienne. Mais cela ne suffit pas pour mettre à couvert le Cardinal Cajetan, puis que les Protestans prétendent aussi ne se point départir des regles de St. Augustin; & on n'a pas laissé de les condamner dans le Concile de Trente. Aussi voyons-nous que plusieurs Auteurs graves de la Communion de Cajetan l'ont condamné, sans avoir aucun égard à sa qualité de Cardinal de l'Eglise Romaine, ni même à sa grande capacité. Le jugement qu'il fait au même endroit de la capacité de Genebrard Moine Benedictin & Docteur de Sorbone, me paroit veritable, parce qu'il est constant que cet Auteur qui a si fort crié contre les Protestans, a pris d'eux ce qu'il a de meilleur dans ses Livres où il paroit quelque érudition soit pour la Critique, soit pour ce qui regarde les Rabbins.

Genebrard.

Le P. Simon n'a pas negligé dans sa Critique les Auteurs Protestans: au-contraire, il les examine avec plus de rigueur que les autres, & pour peu qu'ils se détournent du chemin, il les redresse, & même quelquefois avec des paroles un peu aigres. C'est sur ce pied-là qu'il fait la Critique des regles que Flacius Illyricus a proposées dans son Livre intitulé *La Clef de l'Ecriture*: car tantost il le louë, tantost il le blâme, & le plus souvent il le corrige selon ses préjugés. Il prend hautement le parti des Peres & de la Tradition contre cet Auteur, & il exaggere selon sa méthode ordinaire l'obscurité de l'Ecriture Sainte. Il louë même quelquefois Illyricus, & tâche de prouver qu'il a été de son sentiment sur l'obscurité des Livres Sacrés. Mais il faut qu'il prouve que cette obscurité regarde les articles de la foi: car aucun Protestant ne doute qu'il n'y ait plusieurs endroits obscurs dans la Bible, qu'il faut expliquer par d'autres plus clairs selon la méthode de St. Augustin & des autres Peres. Ce qui ne nous oblige pas d'avoir recours à la creance generale de l'Eglise, puis que cette creance generale de l'Eglise ne peut avoir été tirée que de l'Ecriture, qui par consequent doit être claire en ces endroits-là.

Illyricus.

Le jugement que le P. Simon fait des Commentaires de Luther sur l'Ecriture paroit trop passionné. Il devoit considerer, que dans le temps que cet Auteur a écrit, on n'avoit pas toutes les lumieres qu'on a euës depuis ce temps-là, & qu'il sortoit des Ecoles de Theologie, où l'on n'apprend pas l'explication des Livres Sacrés. Bien-loin donc de le blâmer de ce qu'il paroit grossier en quelques endroits, & qu'il débite aussi quelquefois des chicaneries de la Theologie Scolastique, on doit l'estimer de s'être défait de tant de préjugés dont les Docteurs de ce temps-là étoient remplis, & de s'être élevé au-dessus de tous les autres. Il est vrai qu'il s'étend fort sur la Morale: mais ce n'est pas un défaut, puis qu'il n'étoit pas seulement Interpréte de l'Ecriture, mais aussi Prédicateur, & que l'Evangile n'est presque autre chose qu'une Morale continuelle.

Luther.

Plusieurs Theologiens de la Communion du P. Simon ont trouvé vé à redire aux loüanges qu'il donnoit à Calvin : au-contraire les Protestans ont crû qu'il y avoit de l'adresse à en dire quelque bien, pour le pouvoir combattre après cela plus fortement. Quoi qu'il en soit, le P. Simon agit en cela de meilleure foi que le P. Maimbourg, qui ne veut pas que Calvin soit Theologien, parce qu'il n'a pas pris le bonnet de Docteur en Sorbone : mais cela seul est capable de le rendre Theologien, parce qu'il n'a pas perdu son temps à étudier des questions inutiles, & telles qu'on traite dans les Ecoles de Sorbone. Il s'est appliqué à la lecture des Livres Sacrés & des Ecrivains Ecclesiastiques : c'est ce qui fait veritablement un Theologien. Aussi le P. Simon, qui n'a peut-être pas beaucoup d'estime de ces Theologiens, n'ôte-t-il pas à Calvin cette qualité. Il se plaint seulement, de ce qu'il n'a étudié la Theologie que pour l'accommoder à ses préjugés & aux disputes qu'il avoit avec differentes personnes, & que cela se fait reconnoître dans tous ses Commentaires sur l'Ecriture. Mais je voudrois bien savoir où Calvin auroit pû prendre ces préjugés. Au-contraire, il se défait entierement de ses anciens préjugés, en lisant la Bible avec application & les Ouvrages de St. Augustin. S'il dispute dans ses Commentaires, c'est qu'il est obligé en qualité de Docteur d'instruire le peuple, & de réfuter en même temps ceux qui s'opposoient à la verité. Ce que le P. Simon trouve de-plus à redire dans Calvin, c'est qu'il n'a pas été assez exact dans l'explication de quelques mots Ebreux. Mais quand nous lui accorderons cela, ce n'étoit pas un grand défaut à un homme qui avoit de si grandes occupations, & qui s'appliquoit davantage à l'étude des choses que des mots. Il ne paroit entêté au P. Simon & homme de parti, que parce qu'il a recherché la verité en elle-même, & qu'il n'a pas voulu comme lui s'en rapporter aux Traditions. Il le blâme de-plus, d'avoir médit de l'Eglise Romaine & de ses ceremonies avec excès. S'il y a de l'excès, je m'en rapporte. Mais je sai que les personnes qui n'ont que l'esprit du monde blâment souvent comme un excès & comme une médisance, ce qui vient d'un zele de charité. Il n'y a point de Prophete ni d'Apôtre qu'on ne puisse blâmer, si ces raisons ont lieu.

Calvin.

Le P. Simon reprend aussi dans Zuingle son défaut de capacité dans la Critique de la Bible : ce qu'il reprend même dans tous les premiers Réformateurs, qu'il accuse de s'être entêtés, sans qu'ils fussent veritablement savans, & qu'ils n'ont même pû le devenir, parce que les leçons de Morale & de Theologie dont ils ont rempli leurs Commentaires, les empêchoient de se perfectionner dans l'étude de la Critique. Je veux croire que ces premiers Réformateurs n'ont pas donné tant de temps à la Critique, que le P. Simon : mais il ne s'ensuit pas de là, qu'ils n'ayent pas eu les qualités necessaires pour bien interpreter les Livres Sacrés en qualité de Docteurs, & non pas de Critiques. Cette Critique, comme le P. Simon même le reconnoit en plusieurs endroits de son Ouvrage, ne regarde gueres la creance; & ainsi on peut dire,

Zuingle.

dire, que quand bien même ils n'auront pas sçu parfaitement cette Critique, ils ont eu assez de connoissance pour expliquer l'Ecriture Sainte dans tout ce qui étoit de leur charge, & pour l'instruction des particuliers; au-lieu que le plus souvent cette rigueur de Critique n'est qu'une pure Grammaire.

Le même P. Simon continuë de loüer ou blâmer les autres Auteurs Protestans, selon le rapport qu'ils ont avec ses idées. C'est pour cette raison qu'il trouve la méthode de Wolfgangus Musculus dans son Commentaire sur les Pseaumes assez exacte, parce qu'il a suivi les anciens Interprétes le plus qu'il lui a été possible. Cependant plusieurs Docteurs Romains ont attaqué ce Commentaire de Musculus, comme un Livre opposé aux anciennes Versions. C'est le jugement que les Theologiens de Paris en ont donné dans la Préface de leur Bible Latine avec beaucoup d'emportement. Il ne trouve rien à redire à Mercerus successeur de Vatable à Paris, si ce n'est qu'il s'est laissé aller aux nouveautés de son temps. Mais c'est un grand préjugé en faveur de ces prétenduës nouveautés, de voir que les plus habiles gens de ce temps-là y ajoûtassent foi.

Après avoir parlé des plus celebres Protestans, il examine les Auteurs qui ont été recueillis par les Anglois sous le nom de Critiques Sacrés, & qui sont aussi la plus-part Protestans : tant il est vrai qu'on leur doit déferer cet honneur, d'avoir été ceux qui se sont le plus appliqués à l'étude des Livres Sacrés. Le P. Simon, qui cherche par tout des défauts dans leurs Livres, ne se plaint pas comme de ceux des premiers Réformateurs, de ce qu'on n'y trouve pas une Critique assez exacte: au contraire, il se plaint de ce qu'ils sont trop exacts à suivre les Grammairiens Juifs ou les nouveaux Rabbins, & d'avoir trop affecté cette sorte d'érudition dans leurs Remarques sur l'Ecriture. C'est le jugement qu'il fait des Notes de Sebastien Munster, *Munster.* qui est à la tête du Recueil de ces Critiques Sacrés. Il juge de-même des Remarques de Paul Fagius, qu'il *Fagius.* estime un homme savant dans la Critique, & le préfere à Munster. Il estime neanmoins Drusius plus *Drusius.* que tous les autres; & cela parce qu'il paroit s'accommoder mieux à ses idées, d'autant que cet Auteur s'est opposé à quelques Versions des Protestans, & qu'il a loué quelquefois les anciens Interprétes Grecs dont il a recueilli les fragmens. En un mot, Drusius est l'homme du P. Simon, parce qu'il lui a montré le chemin de sa nouvelle Grammaire & de son nouveau Dictionnaire, & qu'il a crié contre les nouveaux Interprétes. Il louë aussi Grotius, *Grotius.* parce qu'il a aussi recours aux anciens Interprétes, & qu'il ne lui paroit point préoccupé de la Massore, comme la plus-part des autres Protestans. Il le reprend neanmoins de n'être pas judicieux, en ce qu'il rapporte des citations inutiles. Il veut aussi qu'il ait eu tort de prendre parti dans ses Notes. Ainsi il ne se trouvera pas un Protestant qui soit du goût du P. Simon, tant il est difficile & de mauvaise humeur sur le chapitre des Protestans.

J'avouë que les loüanges qu'il donne

Masius. donne à Masius, qui est aussi dans ce Recueil des Critiques, sont dignes de ce grand homme. Mais il n'a pas laissé pour cela d'être censuré par les Theologiens de sa Communion, sur tout par Leon de Castro celebre Theologien de Salamanque, qui déclame fortement contre lui dans ses Livres; & enfin le savant & judicieux Commentaire de Masius pour qui le P. Simon a tant d'estime, est fort au long dans *l'Index expurgatorius.* Voilà la justice qu'on lui a renduë dans son Eglise; & si le P. Simon n'y a pas été censuré de la même maniere, c'est qu'il s'est mis à couvert par les principes qu'il a établis touchant la Tradition, qui sont fort agreables à la Cour de Rome.

Leon Castro.

Le P. Simon ne s'est pas contenté de faire la Critique des Auteurs Protestans: il passe après cela aux Sociniens, dont il pouvoit cependant ne point parler dans son Histoire, puis qu'il ne trouve qu'un Auteur parmi eux qui ait écrit sur le Vieux Testament. Mais son dessein étoit d'en faire un parallele avec les Protestans, qu'il tâche de détruire par ce parallele, prétendant par là faire voir, que le principe seul de l'Ecriture ne peut pas établir une Religion, puis que deux Religions aussi differentes que sont celles des Protestans & des Sociniens, sont fondées sur ce même principe. Mais on pourroit dire à peu près la même chose des Traditions, puis que les Eglises d'Orient qui les reconnoissent aussi-bien que l'Eglise Romaine, ne conviennent pas aussi dans leurs articles de foi: outre que les Protestans reconnoissent l'autorité des premiers Conciles, & même du Symbole de St. Athanase qui sont conformes à l'Ecriture; au-lieu que les Sociniens les combattent. Toute cette dispute même de de la Place avec les Sociniens rapportée par le P. Simon, est une preuve évidente que ces Heretiques ne sont appuyés que sur de méchantes subtilités de Grammaire, par le moyen desquelles ils détournent les veritables sens des passages de l'Ecriture.

Sociniens.

De la Place.

A tous ces Auteurs & de toutes les Religions qui ont fait des Remarques ou des Commentaires sur l'Ecriture, le P. Simon ajoûte la Critique de quelques autres Livres qui sont utiles pour entendre plusieurs difficultés de la Bible. Il prend la défense du Cardinal Bellarmin dans son Livre *de Verbo Dei* contre les Protestans. Mais tant de savans hommes ont écrit là-dessus contre Bellarmin, qu'il n'est pas besoin de nous y arrêter, parce qu'on peut lire leurs Livres: & une preuve que Bellarmin n'a pas eu tout-à-fait raison, c'est que le P. Simon au même endroit de sa Critique réfute le Jesuïte Gretser, qui avoit pris la défense de Bellarmin contre les Protestans. Il dit que Gretser n'est pas un homme judicieux, parce que pour mieux combattre les nouvelles Versions, il fait le procès à la Traduction de St. Jerôme autorisée par l'Eglise; & comme Gretser n'avoit point de meilleure raison pour la défendre, que de recourir à l'inspiration, comme si St. Jerôme avoit été Prophete ou inspiré, le P. Simon qui ne veut pas que St. Jerôme ait été Prophete, condamne Gret-

Bellarmin.

Gretser.

ſer de ce qu'il n'a ſongé qu'à répondre à ſes adverſaires ; ce qui l'auroit jetté dans de faux principes : ce qu'il dit être aſſez ordinaire aux faiſeurs de Controverſes , & je l'en croi aiſément. C'eſt auſſi ſur ce pied-là qu'on doit juger des Livres de Bellarmin , auſſi-bien que de ceux de Gretſer.

Sixte de Sienne. Dans la Critique qu'il fait des Livres de Sixte de Sienne, je crains qu'il ne ſe ſoit un peu trop émancipé, & que l'envie qu'il a euë de contredire ne lui ait fait dire ſans y penſer, que *ſous prétexte que nous devons déferer entierement à l'autorité de l'Egliſe dans ce qui regarde la Religion, Sixte de Sienne lui donne auſſi le pouvoir de décider les matieres qui appartiennent purement à la Critique & à la Grammaire.* C'eſt cependant un pouvoir que la Cour de Rome s'attribuë , & les Papes ont défendu par leurs Bulles à tous les particuliers , de ſe l'attribuer , n'y ayant que leurs corrections de la Bible qui puiſſent être authentiques. Or il eſt certain que la plus grande partie ne conſiſte que dans la Critique & dans la Grammaire.

Après tout, bien qu'il eſtime cet Auteur, il conclut, *Qu'il n'a pas aſſez bien ſeu la Critique des Verſions pour en juger ſainement.* C'eſt pourquoi on ne doit pas s'étonner, s'il n'a pas des ſentimens plus favorables de nos Auteurs Proteſtans, & s'il en trouve ſi peu qui lui agréent. Il prend neanmoins ici leur défenſe contre Sixte de Sienne, pour avoir dit que c'eſt une temerité qui ne peut convenir qu'à des Heretiques, de vouloir faire préſentement de nouvelles Verſions de la Bible, ſous prétexte qu'il y a des fautes dans la Vulgate. *Il n'étoit pas beſoin*, dit le P. Simon , *de pouſſer les choſes ſi avant :* & il le prouve par l'autorité des plus ſavans Docteurs de ſon Egliſe, & même par la pratique de tous les ſiecles. C'eſt de quoi les Proteſtans lui ſeroient plus obligés, s'il n'avoit en même temps pris à tâche de décrier leurs Verſions, & de les faire paſſer eux-mêmes pour des Grammairiens entêtés des nouveaux Rabbins , afin de pouvoir mieux défendre par cette voye la Verſion de St. Jerôme & celle des Septante.

Les Proteſtans ſont encore fort obligés au P. Simon, de ce que pour faire dans toutes les formes le procès à Leon Caſtro qui avoit pris la défenſe des anciennes Verſions de l'Egliſe, il le fait en même temps & d'un ſeul coup à tous les anciens Peres, que Leon Caſtro, ſelon lui, n'a pas pû prendre pour juges d'un fait qu'ils n'ont pas connu. Il ſe déclare auſſi au même endroit le protecteur des Rabbins , reprenant Leon Caſtro de s'être emporté avec trop de chaleur contre ceux qui liſent leurs Livres : de-ſorte qu'il faut être bien exact à tenir le milieu que le P. Simon demande : car de quelque côté qu'on ſe jette, il trouve toûjours dequoi reprendre. *Leon Caſtro.*

Pierre Lopés , qui eſt un autre Docteur Eſpagnol, a mieux gardé ce milieu ſelon lui, parce qu'il approuve le Texte Ebreu & toutes les Verſions, bien qu'il y ait des fautes par tout. En-effet, ce ſentiment s'accommode mieux avec ſon principe, qui eſt d'obliger les Proteſtans à recevoir la Tradition. Il parle au même *Lopés.*

Lindanus. me endroit de Lindanus, dont il rapporte aussi l'opinion, sans se déclarer neanmoins en sa faveur, bien que cet Auteur reconnoisse hautement les erreurs qu'il prétend être dans toutes les Bibles, & qu'il concluë de là qu'il faut avoir recours à la Tradition de l'Eglise. Le P. Simon auroit volontiers souscrit au jugement de cet Auteur, si ce n'est qu'il a trop étendu son principe touchant les corruptions de l'Ecriture, & par là il l'a rendu plus difficile à soutenir.

P. Morin. Le P. Simon ne pardonne pas aussi au P. Morin, dont il examine les Livres dans la rigueur de la Critique; & il trouve que ce Pere n'a pas agi judicieusement, en détruisant les Originaux de la Bible pour autoriser les anciennes Versions de l'Eglise. Cette Critique me paroit juste: mais que dira le P. Simon à ceux qui objecteront, que la difference qu'il y a entre lui & le P. Morin, c'est que ce dernier ne détruit l'autorité du Texte Ebreu qu'en general & par des voyes éloignées & indirectes; au-lieu que lui dans l'Histoire qu'il en fait dans le détail, le réduit à ne pouvoir plus faire de preuves certaines en matiere de Religion? Il est vrai qu'il objecte ici au P. Morin, qu'il y avoit un milieu à garder entre son opinion & les Protestans: mais je ne voi pas que ce milieu mette fort à couvert le Texte Ebreu de l'Ecriture. Au-moins le P. Morin garde-t-il dans son Systeme l'autorité des anciennes Versions: mais le P. Simon met au même rang & le Texte & les Versions, & veut qu'il soit arrivé par tout des changemens; & cela pour obliger les Protestans de recourir à l'autorité de l'Eglise.

Après avoir censuré les Ouvrages du P. Morin d'une maniere un peu forte, bien qu'il fust de sa Societé, il fait en même temps le procès aux Protestans qui lui ont fait des Réponses, & il dit qu'on croiroit aisément que le P. Morin a eu raison, parce que les Protestans lui ont répondu foiblement. Cela veut dire en bon François, que les Protestans n'ont pas été capables de lui répondre, & que cela étoit réservé au P. Simon, qui n'est pas entêté, comme eux, de faux préjugés. Il ne croit pas même que Mr. de Muis Professeur Royal en Ebreu à Paris, ait tout-à-fait reüssi dans ses Réponses, n'ayant pas eu toute l'érudition necessaire pour cela. *De Muis.* Au-reste, quand il lui plaira de le réfuter plus en particulier, & avec la même force qu'il a fait Mr. Vossius, les Protestans lui en seront obligés, sans qu'ils entrent pour cela dans ses sentimens sur le fait de la Tradition, dont le P. Morin ne paroit pas avoir été moins entêté que lui: & c'est de quoi je ne m'étonne pas à l'égard du P. Morin, parce que l'Auteur de sa vie nous apprenant qu'il a été élevé Protestant, & qu'il avoit pensé aux Benefices, il devoit necessairement s'éloigner le plus qu'il lui seroit possible de tout ce qui pourroit approcher le moins du monde des Protestans. Je me trompe fort, si ce n'a été là l'esprit qui a fait agir le P. Morin dans ses Exercitations sur la Bible.

J'admire l'adresse dont le P. Simon s'est servi dans son Histoire Critique pour faire le Panegyrique de Bellarmin, & en même temps de *Bellarmin.* toute

toute la Societé des Jesuïtes. Il employe pour cela les paroles de Wittaker dans ses Livres de Controverses, où il parle de Bellarmin & de tous les Jesuïtes, comme de gens habiles & qui s'adonnent entierement à l'étude. Mais il faut prendre garde, que Wittaker ne donne toutes ces loüanges aux Jesuïtes que dans son Epître Dédicatoire, où il est permis de déguiser la verité; outre qu'il ne le fait que par rapport aux autres Moines qui étoient de très-grands ignorans. De-plus, ces loüanges tombent plus sur leur hardiesse ou plûtost leur temerité dans la dispute, que sur un veritable fond de capacité. C'est pourquoi je ne demeure pas tout-à-fait d'accord de ces grandes loüanges que le P. Simon donne aux Jesuïtes, & sur tout à Bellarmin, par la bouche de Wittaker.

Wittaker.

Jesuïtes.

Je ne m'en rapporterai pas aussi tout-à-fait à lui dans ce qu'il dit de Sixtinus Amama, qu'il fait passer pour un Protestant entêté de son Ebreu, & pour un homme emporté contre le Concile de Trente & contre la Vulgate. Cet Auteur marque très-bien & en beaucoup d'endroits les fautes de la même Vulgate, & son Recueil de plusieurs pieces qu'il a jointes à son Ouvrage est judicieux.

Amama.

Le P. Simon, qui n'a pas toûjours parlé dans sa Critique avec moderation des Protestans, ne laisse pas de faire l'éloge de Mr. Cappel Professeur en Ebreu à Saumur, & nous pouvons dire qu'il a enfin trouvé un homme selon son cœur. *Quoi qu'il fust Protestant*, dit-il, *il n'étoit point cependant entêté des préjugés ordinaires à ceux de sa Secte.* Aussi ceux de sa Secte, pour me servir de ces termes, ne se sont pas fort entêtés de son Livre: outre que l'Auteur ne l'a pas fait imprimer; mais un de ses fils, qui étoit Catholique, & qui aura pû y ajoûter ce qu'il aura voulu à la sollicitation des Peres Petau, Morin & Mersenne, qui obtinrent le privilege de Mr. le Chancelier, comme le P. Simon nous l'apprend: Voilà le grand Auteur qu'il oppose à tous les Ebraïsans du Nord, & dont il parle comme de gens qui n'ayant aucun discernement, ont suivi les deux Buxtorfes sans examiner leurs raisons. Mais après tout, ces Ebraïsans du Nord n'ont pas choisi de mauvais chefs, en mettant à leur tête les deux Buxtorfes, dont l'érudition est assûrément plus étenduë que celle de Mr. Cappel, comme il est aisé d'en juger par leurs Livres.

Cappel.

Enfin le P. Simon finit sa Critique par le jugement qu'il fait des Prolegomenes de Walton qui sont à la tête de la Bible Polyglotte d'Angleterre. Ce qui merite ici d'être remarqué, c'est que j'ai appris d'un de ses amis, que cette longue Critique des Prolegomenes de Walton a été faite à l'occasion de Messieurs de Port-Royal, & qu'elle n'étoit point dans la copie qu'il donna à examiner aux Docteurs, où il avoit parlé de Walton seulement en termes generaux, & exhortoit à lire ses Prolegomenes. Mais comme on étoit à la fin de l'impression de la Critique, on lui vint dire qu'on alloit imprimer les Prolegomenes de la Bible d'Angleterre traduits en François, & que le Privilege en étoit déja obtenu; que cela ne se faisoit que pour diminuer le credit de son Histoire Critique. A quoi il fit répon-

Walton.

ponse, qu'il empêcheroit bien cette impression, en donnant une Critique de ces Prolegomenes, & en promettant une plus exacte. Voilà ce que j'ai appris d'un de ses amis, qui lui ayant demandé pourquoi il ne donnoit pas au public les Prolegomenes de Walton avec ses Remarques Critiques, comme il l'avoit promis; il fit réponse que cela n'étoit plus de saison, parce que Messieurs de Port-Royal n'ont pas aussi donné leur Traduction Françoise de ces Prolegomenes. C'est pourquoi on ne doit rien attendre là-dessus du P. Simon, qui apparemment a d'autres occupations.

Ce qu'il reprend le mieux, selon mon avis, dans Walton, est qu'il a pris l'esprit de plusieurs Auteurs dont il a fait le Recueil, & qu'il ne garde pas assez l'uniformité dans son discours, se servant même des termes de ces Auteurs. De-plus il remarque fort bien, qu'il a tâché de s'éloigner souvent des Protestans qu'il appelle Puritains; & je ne doute point que ce ne soit là la veritable raison pourquoi Walton semble quelquefois donner trop à l'autorité de la Tradition & des Peres. Pour ce qui regarde l'origine de la premiere Langue, le P. Simon n'a pas eu raison de reprendre là-dessus Walton, qui a suivi le sentiment commun & generalement approuvé; au-lieu que son opinion n'est appuyée que sur le témoignage de Gregoire de Nysse & sur quelques subtilités de Philosophie. Aussi le P. Simon dit-il qu'il a suivi cette opinion pour concilier la raison avec la Religion: mais cette voye n'est pas toûjours seure, parce qu'il y a plusieurs choses dans l'Ecriture qui sont au-dessus de la raison, & où il n'est pas à propos de philosopher.

Il me semble aussi que le P. Simon pousse les choses trop loin contre Walton, pour détruire la providence singuliere de Dieu dans la conservation des Livres Sacrés: car ces Livres ayant été donnés aux hommes pour les instruire, il est de la providence de Dieu de les conserver entiers, afin qu'ils en puissent tirer leurs instructions. Mais le P. Simon, qui ne songe qu'aux Traditions, sans se mettre beaucoup en peine de l'Ecriture, dit qu'il suffit pour cela que l'Eglise subsiste, sans qu'il soit besoin de Livres Sacrés. *Quand bien même*, dit-il, *il n'y auroit plus dans le monde aucuns Exemplaires de la Bible, la Religion ne laisseroit pas de se conserver, parce que l'Eglise subsisteroit toûjours.* A l'égard de ce qu'il ajoûte au même endroit, que le Concile de Nicée a mis le Livre de Judith au nombre des Canoniques de l'Ecriture, nous n'en avons aucunes preuves, parce que les Actes de ce Concile ont été perdus; & on peut répondre à l'autorité de St. Jerôme, que le Concile se sera servi de l'autorité du Livre de Judith comme d'un Livre Ecclesiastique, parce qu'en-effet on le lisoit dans l'Eglise, & plusieurs autres Livres, qui n'étoient pas pour cela Canoniques.

Le P. Simon avance dans le Chapitre XXII. de sa Critique un étrange paradoxe contre Walton, & en même temps contre tous les Protestans, pour les obliger de recourir à la Tradition. Il prétend que les premiers Peres n'ont pas tant appuyé la verité de la Religion sur l'Ecriture, que l'Ecriture sur

ſur la verité de la Religion. Il eſt cependant conſtant, que ces premiers Peres ſe ſervent toûjours de l'autorité de l'Ecriture contre les Heretiques, & que dans les premiers Conciles on y a reglé toutes choſes par cette même Ecriture; que nôtre Seigneur même & les Apôtres ont combattu les Juifs par les Livres du Vieux Teſtament. Nous devons attribuer au même préjugé du P. Simon ce qu'il dit dans ſon Chapitre XXIII. contre Walton dans ce qui regarde l'authenticité de l'Ecriture. Car ſous ce prétexte que l'Egliſe conſerve la verité de la Religion, & que c'eſt d'elle ſeule de qui nous la devons apprendre, il avance que la Verſion qu'on appelle Vulgate peut être authentique, bien qu'il y reconnoiſſe pluſieurs fautes, parce qu'il n'eſt pas, ſelon lui, neceſſaire qu'une Verſion de l'Ecriture ſoit exempte de fautes pour être authentique; parce qu'elle n'eſt pas ſeule le principe de la Religion. Tout cela ne tend qu'à autoriſer les Traditions. D'où il conclut contre Walton, que l'Egliſe d'Occident n'a pas preferé la Verſion de St. Jerôme à l'ancienne qui avoit été faite ſur les Septante, parce qu'elle l'a crû plus authentique. Au-contraire, il aſſûre que ces deux Verſions ſont également authentiques, & qu'elles ont chacune leurs défauts. Ce ſont là des paradoxes du P. Simon que les Proteſtans ne peuvent comprendre, & il ne les a lui-même avancés, que pour les obliger de recourir aux Traditions de l'Egliſe Romaine.

A tout ce grand Ouvrage le P. Simon a ajoûté un Catalogue des principales Bibles, qui eſt d'autant plus curieux, qu'il ne donne pas les ſimples noms des differentes Editions, mais il en juge; & ce que j'y trouve de meilleur, c'eſt le projet d'une nouvelle Bible Polyglotte en abregé, & qui ne differe en rien de celui qui a paru depuis peu en Latin, ſi ce n'eſt que ce dernier eſt plus étendu, & qu'il marque le deſſein de l'Ouvrage plus en détail. Cela a fait croire à bien des gens, que le Pere Simon qui a voulu cacher ſon nom, en étoit l'Auteur. Au-moins eſt-ce quelqu'un qui a ſuivi ſon idée. Comme il ne s'agit pas de raiſonner ni de tirer des conſequences d'aucun principe dans cette nouvelle Polyglotte, mais de recueillir ſimplement les diverſes leçons & interprétations des Textes & des Auteurs, les Proteſtans n'ont rien à craindre là-deſſus qui leur puiſſe faire ombrage. J'ai été ſurpris que le P. Simon, (s'il eſt veritablement l'Auteur de ce projet) n'ait point parlé de ſa nouvelle Traduction ſur l'Ebreu, laquelle il auroit pû mettre dans cette Polyglotte en la place de celle de Pagnin reformée par Arias Montanus. Il ſemble que tout ſon deſſein n'étoit que de donner les Originaux de la Bible avec les deux anciennes Verſions de l'Egliſe, & qu'il ſupplée aux nouvelles Traductions par de ſimples additions ou éclairciſſemens. Nous avons auſſi des Proteſtans qui ont été de ce ſentiment. Quoi qu'il en ſoit, nous attendrons cet Ouvrage avec impatience, qui ſera également utile à tout le monde. Ce que j'aurois ſouhaité en cette affaire, c'eſt qu'un Livre de cette nature fuſt plutoſt venu de la main d'un Proteſtant que d'un Catholique Romain, puis que nous ne manquons pas d'habiles gens pour l'executer, & on auroit pû même ſe joindre pluſieurs enſemble afin de le rendre plus parfait.

FIN.

www.ingramcontent.com/pod-product-compliance
Ingram Content Group UK Ltd.
Pitfield, Milton Keynes, MK11 3LW, UK
UKHW021032180726
13838UKWH00004B/1759